中国室内设计师年鉴
中国室内设计师年鉴
中国建筑工业出版社
中国室内设计师年鉴

图书在版编目（CIP）数据

中国室内设计师年鉴. 1/杨冬江主编. —北京：中国建筑工业出版社，2001.6
ISBN 7-112-04584-3

Ⅰ.中… Ⅱ.杨… Ⅲ.室内装饰—建筑设计—中国—年鉴 Ⅳ.TU238-54

中国版本图书馆CIP数据核字（2001）第24456号

编辑：《中国室内设计师年鉴》编辑部
主编：杨冬江
责任编辑：李东禧
装帧设计：周岚

中国室内设计师年鉴
杨冬江 主编
※
中国建筑工业出版社出版、发行（北京西郊百万庄）
新 华 书 店 经 销
恒美印务（番禺南沙）有限公司印刷
※
开本：889×1194毫米 1/16 印张：12 ½ 字数：400千字
2001年6月第一版 2001年6月第一次印刷
定价：**120.00**元

ISBN7-112-04584-3
TU·4094(10034)

我国现代室内设计艺术及专业教育的形成和发展已历经近五十个春秋，

然而其异彩纷呈却是改革开放以来近20年的事。

在跨入21世纪的今天，

我们已拥有相当丰厚的积累，

本年鉴将逐年汇集国内一流设计师的部分优秀作品，

以飨业内同仁和专业学子，

催动创新精神，

呼唤权威力作及新人新作。

因此，

本年鉴实为从业人士共同耕耘的园地，

我们期待大家的奉献并致竭诚谢意。

目录

目录

设计大师与"我"

与设计师们一起观察大师的成功

1959年出生于沈阳市。

1982年毕业于鲁迅美术学院工艺系染织专业。

现为鲁迅美术学院现代设计学院副院长，环境艺术设计系主任、教授，辽宁省城市规划大型工程专家咨询评审会委员。

作品壁画《向太空》（合作）获辽宁省文化科技进步二等奖，壁画《生命》（合作）获第七届全国美展铜奖，福州五洲风景区规划与设计（主持）获全国园林设计优秀奖，沈阳国际绿岛俱乐部规划和建筑设计（主持）获首届中国室内设计大展金奖。

马克辛

在我们看来，能称为世界级大师的人物是举世公认的，专业学识之广博和深厚也是令人赞叹的。大师们的学术研究的高、精、深使我们在心理上与他们产生了一个遥远的距离感。当然，诸如上个世纪或几百年前被公认的世界级大师就更加不可汲汲。于是我们自己成为大师几乎就是一个梦。

其实大师就在我们身边，也可能就是你或我。只是我们从来没有把我们熟悉的人当成大师，大师也被自然列为不可能熟悉的"圣人"之列。因此出现一种十分普遍的现象，大师的名字被我时常挂在嘴边，谈古论今时，总是搬出几个圣人，滔滔不绝地将圣人的作品和警语活学活用。我常常在课堂上给学生十分概念地讲大师的经典作品和大师的观点，觉得加上这些渲染，说服力就更强。于是，学生不加任何反问地加以接受了。我也觉得自己的教学观点夹在中间也被学生顺利接受了。

在我们的创作设计过程中，借鉴名家和研究名家之作也成为一种丢不掉的"拐杖"。不论画家和设计家，每次创作实践都习惯地找一些相关的大师作品，至少在资料中找出一些名师之作摆在旁边加以参照。改头换面和综合借鉴之后，找到自己创作设计的位置。作品出世后，一些评论家和学者还进一步加以评论，譬如说："在继承某大师的风格传统基础上，融进时代特色等"，以认定作者是十分有前途和希望的设计家和艺术家。可以这样说，沿着大师的足迹，踩着圣人的肩膀，便成为学者十分认同的成功道路。在继承与发展上有清晰的脉络，也就是所谓的有了深厚的历史文化背景，进而充当了时代的开拓者。

大师不是圣人，更不是神，是实实在在的普通人。在我们当中设计家和艺术家群体有两种不同的心态：一种是过于谦卑，特别是一些年轻的学者没有魄力将自己的主张说出来、做出来，表现为信心不足，导致自己的一切创作和设计都是在举棋不定的状态下摸索进行，其实这种心态久而久之便成为一种不健康的心理习惯，铸成一生的命运，这是一种十分典型的现象。心理挫败型病例，这种病例在我们当中很普遍，特别是在中国传统式教育方式背景下更为普遍。另一种是自大狂妄，在没有深入了解大师背景的情况下，将自己的作品与大师作品直接加以比较，误认为接近或在某些方面有所改进。于是自满和骄傲情绪迅速膨胀，表现为过于冲动、激情、排斥异己。擅加批评他人，盲目自我崇拜，将自己跻身于大师的行列中。导致过早地脱离现实，脱离自然，脱离社会，这种人往往将一时的成功喜悦当成大功告成，于是不能心平气和地面对现实，好幻想，靠机遇，最终导致无法用现实生活朴素的语言交流，更无法用实实在在的绘画和设计语言进行创作，使自己处于一个十分尴尬的境地，成为无源之水、无本之木，最后的命运是可想而知的。

我们应该看到，无论是设计艺术大师还是绘画艺术大师，在通往艺术成功的道路上，都是遵循着艺术规律，脚踏实地，以平静的心态在艰苦的事业之路上行走，过着平静的人生。更多大师的成就都是在死后才被人认定，而在世的时候往往是默默无闻地奉献。甚至更多遭遇的是冷嘲热讽和排斥打击。在逆境中大师们练就一身自我保护的本能，其实是心志上的成熟和坚强。保持和谐与平静的心态，用更多的经历和时间，在创新研究和艺术实践中探寻，是大师走向成功之路十分重要的基础。

好作品的产生是在一种自主的状态下自然而然水到渠成的。尽管在形成过程中，设计师会去处理来自周边环境或自身缺陷等不同方面的阻力，甚至对抗，但大师总是能在任何状态下采取最科学合理的办法将自身融合于其中，将自己的主张、观点发挥出来，充分显示和证明了自己的实力。

这朴素的道理人人皆知，但很少有人去仔细地加以分析，更多的是从作品中加以评论。有时被奇妙构想创意、简洁明快的浪漫语言所打动，有时被高超的技艺、丰富多变的空间想象和层次复杂的深厚功底所折服。于是被来自"大师的神圣不朽的魅力"所震撼，佩服得五体投地。其实，大师最令人折服之处不在于他的作品价值如何，而在于他人本身。就像我们常说的一句话——"人是最大的生产力"。我们要学习借鉴的不只是惊天动地的传世作品的动人之处，而应是通过大师作品的足迹探讨大师如何产生和大师的人生。

首先，大师们对待人生的价值有一种相对恒定的选择，极强的个性生命力，融于时代。对待自己热爱的事业领域博学多才，并具备一种刻苦、严谨、奉献、投入的工作作风和敬业精神。促使大师们对事业和生活有极高的热情，不仅限于本专业领域的技法理论探讨，更注重相关领域的发展动向，时代观念的更新换代。在一个更广泛的事业领域中，从事自己最感兴趣的艺术创作工作。

在很多专业人士看来，大师的概念是基于在专业领域成就而言的，特别是对大师最具代表性的作品和观点的认可。很少对大师在更宽泛的艺术创作的领域进行研究。其实很多大师更有价值的是那些被人们冷淡的更能体现大师价值的其它作品。例如达芬奇、毕加索等，他们在成名的艺术作品之外，还有更多的作品。如达芬奇、米开朗基罗等大师在军事器械防御工事上的创新，研究应用和建筑规划、雕塑、壁画上的贡献；毕加索在陶艺和大型户外雕塑上都有十分精彩的经典之作。这些都充分体现了大师们所具备的全面修养和宽泛的事业取向，以及不懈的追求。也因为大师为平时每一次创

太原钢铁集团有限公司入口及景观设计

太原钢铁集团有限公司入口及景观设计

太原钢铁集团有限公司入口及景观设计

大连"海之韵"广场设计

作实践机会的投入、积累、总结，铺垫了坚实的基础，才有可能把握住机会获取成功。"冰冻三尺，非一日之寒"。我们不能只看到大师的成功，而忘却了成功背后的艰辛。有人在评述大师时这样讲到："成功的经典之作不仅是大师专业水平的体现，同时也反映了大师修养的全部。读大师的作品如同读大师的人生。"难怪大师不轻易出手，出手就惊人。通常设计家面对市场时，根据不同背景条件和设计任务，投入程度不大一样，不同的利益驱使采取不同的经营方式，为名利，为金钱，为朋友，为打开市场，为了应付，为了社会效益等。为此，设计师采取了相应不同的作法和态度。重点工程大投入，亲自出马，实地考察访谈、主持策划创意，甚至亲自出图，汇报方案。一般工程，交给下层或助手，从经济利益出发，索取图纸后用常规做法，从简从快，立竿见影。这种作法在国内比较普遍，或多或少地影响了设计师正常的创作道路，甚至降低了设计师的设计水准，粗制滥造的低俗的作品迎合了市场，设计师从中获得了经济利益。很多这样的"设计家"活跃在市场的大潮中，为自己拥有一席之地而沾沾自喜，短期利益驱使的设计行为不能给设计师带来创作实践的机会，相反促成了设计水平每况愈下，久而久之使设计师逐步走向低谷，远离大师的足迹和神圣的大师风范。因为大师是用丰厚的知识和精神财富沉在低层生根的，而设计俗家是为了金钱和利益浮在上面漂流。

寻找大师的足迹，走大师成功之路，不在一朝一夕，而是十分艰辛的事业和一生道路的选择，这种选择意味着背世离俗，为追求艺术的完美、攀登科学的高峰而忘我工作。站在更高的层面上面对自然与社会，本质地挖掘，综合再现，用智慧创造，用自己的设计语言和作品融于社会，融于大自然。

翻开设计史，我们不难看出，大师的作品和观点永远是同步于时代的设计思潮，因为他的惊世之处在于他们的朴实无华，功能技术和艺术形式的完美结合。我们再次从大师的成功事业的足迹中受到启示，埋下来、沉进去，不浮躁、不动摇，远离世俗，追求作品和人生的完美与永恒。

大连"海之韵"广场设计

大连"绿之梦"景观设计

大连"海之韵"广场设计

大连“海之韵”广场设计

大连“海之韵”广场设计

大连“海之韵”广场设计

大连“海之韵”广场设计

大连“海之韵”广场设计

大连“海之韵”广场设计

中央工艺美术学院环境艺术设计系学士、重庆建筑大学

建筑学院硕士，

清华工美环境艺术研究所总设计师、高级建筑师。

马怡西

设计师的自白

设计师注定将成为这个世界最微不足道的琐事的敏锐观察者，他将从事物的全部偏狭、琐碎的局部处境来看待这个世界。他在这局部的处境中游来走去，却发现这个局部是如此的纷繁，如此的丰富，又是如此的难以把握。设计师只好把这些细节送入意识的粉碎机，进行无差别的粉碎，找到思维的出发点，然后沾沾自喜地上路，碰见无数的陌生面孔，频频点头，寻找认可。设计师突然觉得自己的伟大之处竟在于对这些生活细节的拥有和执行。在细节缀拥下的设计师，把生活细节无限度地打碎再组合，直到生活细节出现新面孔，再把这些经过筛选而非加工的细节重新排列组合，一一放大，以至后来把这些重新强烈起来的事物与自然进行同步交流，取得相同的质，得到常人的认同。一桩伟大事物的尘埃就这样落定到大众趣味中去，完成一个平静的多数时间是无反响的循环。

中国现代文学馆大厅

中国现代文学馆大厅

中国现代文学馆大厅

人民大会堂重庆厅走廊

人民大会堂重庆厅入口

人民大会堂重庆厅

人民大会堂安徽厅局部

人民大会堂安徽厅

人民大会堂安徽厅

本土文化的空间

佛山石景宜文化艺术馆设计探索

1963年出生于广东省广州市。

1987年毕业于广州美术学院。

现任职于广州美术学院设计分院讲师，广东省集美设计工程公司集美B组总设计师。

王中石

换个角度“看”，看待传统、现代的一种方法、观点、态度。

静心去看一件老物件，面对一件有灵气的物件作无声的对话，产生灵动的交流。看一些旧窗花板，隔着一段距离，镂空的虚实很有意味，其“影子”般的印象，犹如阳光透过树叶的间隙在风中摇曳。

常去“陈家祠”静观，“模糊”地看，建筑的体量转化为屋脊起伏的气势，门屏侧掩切出黑白的空间，渗透着从院落吹进来的微风。

本土文化的再发展，只有在意解文化传统的前提下，在设计中注入新的活力，才能让传统文化在今天得到延续。

广东的珠江三角洲地域，江河水网，形成独特的地域风情：渔塘、蕉田、蔗林、花场，小河上摆渡的舢板，机动小艇，村头大榕树，蚝壳砌成的围墙，有脚门趟栊的青砖住宅。悠闲的生活节奏构成昔日珠江三角洲的田园童话。

８０年代始，经济大潮使三角洲地区发生极大变化，高速公路与桥梁接触每个角落；抽丝的传统工艺改变，桑田也随之消失；自然通风的青砖大屋被小洋楼代替；电风扇、空调的进步让新会县的葵扇子也成为纪念品，村头榕树下的“老人故事”已成为故事，电视媒体进入各村各户，使区域文化日趋一体化。

佛山是一个传统文化非常丰厚的城市，俗称“缸瓦”之地，与“陶都”石湾相邻。在传统的地标上有“祖庙”、“孔庙”和明末的民居，还有铸铁、剪纸等民间手工艺，以及体现南方多雨气候的骑楼街道，充分体现着丰厚的南海民风。

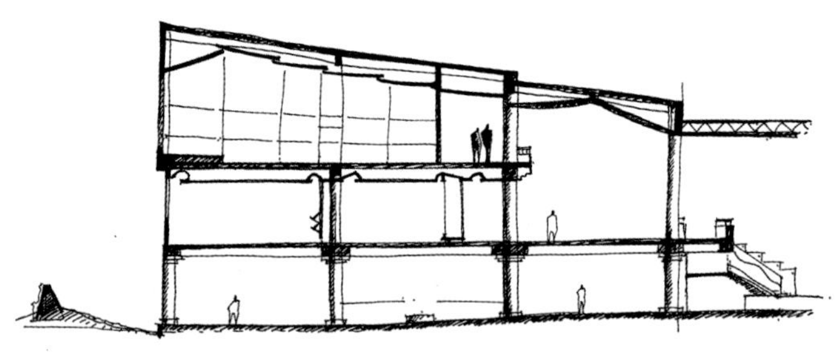

让有价值的文化脉络流传，让历史与现代相融，人文景观的更替成为文明发展的标志。

石景宜文化艺术馆是适合表达一份本土情怀的设计项目，佛山市政府建馆中记载：“旅港邑彦石景宜、刘紫英伉俪赤子情浓，捐赠书画九千余帧，艺术典籍四万余册，作为首批珍品捐献故里”。佛山市政府选点季华园建此艺术馆，命名为石景宜、刘紫英伉俪文化艺术馆。为扬古时文物之精，需建现代艺苑之美。承前启后，继往开来，则炎黄文化得以弘扬。

季华园是佛山市南新区的大型城市开放公园，相传历史文化名城佛山之名全因在季华园处出土佛像而得。其占地近百亩。呈东西向长方形，“艺术馆”用地处于东南角。

石景宜艺术馆选择了以公园原有东西向轴线为主轴，坐东向西的布局，是一个小型的建筑，具有较大的灵活性。

建筑平面是扇形的弧线空间，前庭是雨篷空间，首层架空的柱廊空间及广场空间还给季华园，保持公园大环境。二、三层为艺术馆的功能空间，配有美术展览、图书阅览、学术交流、收藏等主要功能。其中藏宝阁为六层，带有一种广东侨乡的碉楼的含意，具有岭南特色，是整个季华园和艺术馆文化定位的控制点。

建筑师林兆璋先生十分重视这个设计项目，用他的话讲：“石景宜艺术馆可能是我最后一件重要作品，希望做到最好”。最好之意，即是包括建筑、室内设计与环境等因素能融为一体，充分体现文化艺术馆的个性特点。此项设计同时得到佛山市政府和市民的认同。

有近２０亩的室外环境，由建筑师对整块用地进行总规划，充分考虑与季华园的关系。架空首层的前庭通过中心一条甬道展开，使前庭广场与建筑远离，把公园的景色纳入建筑的范围。

佛山石景宜文化艺术馆

佛山石景宜文化艺术馆

广东“水文化”的概念，融合了地域与文化理念，表达为环境符号。

水体围绕建筑物的建筑方案曾被否定了。在进行整体的环境设计时，设计师提出了“水文化的设计理念”，透过石滩，水景与甬道的亲和关系，以浅水滩作为设计方式突破了业主所担心的水池的管理及公众安全性等问题，使艺术馆与公园之间的环境有了动感，也有了灵气。

广场雕塑的定位与建筑物背后的照壁浮雕设立在中轴线上，利用６０多米的甬道与水景的灰空间，形成雕塑与建筑遥望的开朗感受。

甬道上的桥，让前庭的连接产生微妙的变化，让水产生沟通，让石柱扶手产生力度，借用中国宫殿与广场连接的造桥意象，用平和的尺度使之符合当代的审美趣味，非常“中国式”的感受。

前庭通往上二层的一对步梯接二层的外廊，是一个渐进的过渡空间，梯口迎向甬道，扶手一侧石砌、一侧通透的玻璃，设在一组平台上，形成一个外实内虚的前庭空间。

石砌的步梯扶手沿用了音乐厅的室内乐厅步梯的元素，但这里不只是抽象的石兽的暗示，还采用了“清晖园之狮子上楼台”的意象浮雕，使艺术馆外部渗入浓郁的民间韵味。

“屋”的空间，制造一个静观空间、多层流动的空间、内外交流的空间。

一进入室内是三层共享的建筑空间，展览大厅第三层顶棚与室外雨篷内外连接，形成宽阔大屋内外空间共享的感受。剖面的草图清晰勾画出“屋”的概念，强化了“大屋”空间，从二、三层都可以回望前广场外景。

设计师讨论最多的是二层的平面布局设计，二层是美术展厅、珍品馆、图书馆三位一体的空间，既要达到最好的使用功能，又要在布局中体现东方情趣的意象。居中、横开，多个讨论方案与业主共同商讨，最终确定了现在实施的三重空间。第一重为展览大厅，第二重为珍品馆，第三重为图书阅览室。

室内平面空间带动个性化。走在现存的空间里，印象最深的会是弧形的序列圆柱，更多地反映着西方现代建筑的印象。

文化空间的体现改变了弧形建筑空间的秩序。带入东方文化、东方情绪，同时，配合石景宜先生所捐赠的图书与绘画等艺术品，绝大部分是中国及中国台湾地区等东方文化类型，设计要创造一个适合艺术品进驻的空间，书卷气息的文人空间。

非常生活化，自然而然的东方文化的含蓄意象。

民间特性是冲击这一空间的设计元素，把生活化的因素放大了尺度，适合两层大空间，制造出超常的尺度空间，又适于绘画艺术的展出。广东传统风格独有的“趟笼”、脚门的符号，在广东美术馆的贵宾厅就曾使用。

列柱的设计灵感源于“竹筒”、“木桶”、“鼓蹲”等诸多传统生活器具的启发，引出柱身、柱脚的演绎，使展览空间既有远古文化的影像，又有非常生活化的表现。

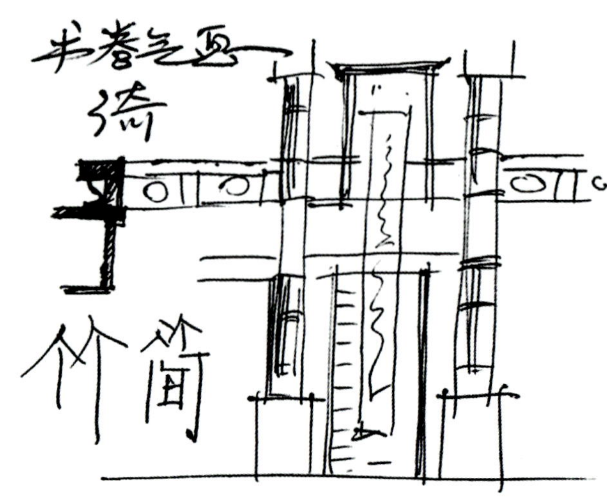

把丰富细腻的广东文化及传统工艺元素，用明快清晰的现代设计技巧重新演绎，达到更具个性的文化空间。

用自己的眼光去看世界，换成一个自己的角度。这种观念最为充分地体现于艺术馆入口门顶的铜雕，把广东木雕当“影子”看，抛斥繁琐的雕琢的传统模式，使之抽象起来，融入现代空间。

只有在意解传统文化的前提下，在设计中注入新的活力，才能让本土文化在今天得到延续。

石景宜艺术馆１９９８年建成使用，由设计概念转化成空间体验融入了这座城市，成为这一地域的文化象征，对保留传统文化与发展当代文化产生着影响。

西安长安科技园

广东美术馆

广州艺术博物院

广州艺术博物院

笔组艺廊

星海音乐厅

姜 民

姜民

１９７２年出生。

１９９４年毕业于大连轻工业学院室内装饰设计专业并就职于鲁迅美术学院艺术工程总公司设计室。

１９９８年考入鲁迅美术学院环境艺术系攻读硕士学位，学习期间创作的作品曾多次获得全国室内设计大展银奖。

王伟

１９６０年出生于沈阳市。

１９８６年毕业于鲁迅美术学院工艺系装璜专业。

现为鲁迅美术学院环境艺术设计系副主任、副教授。

作品“沈阳绿岛国际俱乐部整体规划设计”（合作）获首届全国室内设计大展金奖，“海之韵”广场设计获第九届全国美展铜奖，“沈阳国际俱乐部室内整体设计”获第二届全国室内设计大展银奖。

王 伟

郭 旭 阳

郭旭阳

１９７３年出生。

１９９７年毕业于鲁迅美术学院环境艺术设计系，获学士学位。

２００１年考入环境艺术系攻读硕士学位。

１９９７年至今担任系设计事务所设计工作。

辽宁工会大厦设计方案

辽宁工会大厦设计方案

辽宁工会大厦设计方案

辽宁工会大厦设计方案

辽宁工会大厦设计方案

辽宁工会大厦设计方案

1924年出生。

1945年北京大学工学院建筑系建筑学专业毕业，获学士学位并留校任教。

1952年随北京大学工学院合并至清华大学，现为清华大学建筑学院教授。

任教50余年，多次获先进工作者、三八红旗手等光荣称号。

1964年当选为第三届全国人大代表，随后连选连任为第四、五届全国人大代表，同时兼任其他社会工作。

1989年至1997年两次获国家自然基金批准研究项目。

主持设计完成各类大型工程数十项，其中人民大会堂全国人大常委会会议大厅室内设计获全国装饰协会优秀作品一等奖、北京装饰协会优秀设计奖；人民大会堂澳门厅室内设计获全国装饰协会优秀作品一等奖、北京装饰协会优秀设计奖、1995年新西兰羊毛局室内设计大奖赛大奖；人民大会堂香港厅室内设计获全国装饰协会优秀作品一等奖、北京装饰协会优秀设计奖、1997年新西兰羊毛局室内设计大奖赛大奖。

创造·探索·实践

王炜钰

一、 厅堂室内设计中的理性规划与感性规划

我们说室内设计是建筑设计的不可分割的组成部分，而在公共建筑中，往往室内厅堂已经成为建筑整体设计的核心，有时甚至是建筑整体空间秩序的高潮。近年来人居环境理论的提出，对于“室内设计”更为重视，因建筑的室内较之整体的建筑设计更为贴近人们的生活，最能反映建筑的性格；在建筑室内设计中，往往在建筑视觉艺术方面，溶化建筑结构、建筑构造、建筑材料与装饰艺术为一体，并将装饰美学的理论手法建筑化，又以装饰构图艺术结合时代的审美观去创造建筑的空间体型环境，使其达到预期的效果。

室内设计是一种以科学机能为基础，以艺术为形式表现，为了塑造一个精神与物质并重的室内生活环境而采取的理性创造活动。我认为室内设计不仅是装修建筑的表皮，而且是建筑整体规划设计中空间体型的再创造，它包括了理性的规划构思与感性的规划构思两方面，并有机的结合。

理性的规划即是以现代理性美学为出发，采用几何形体为主的规划在造型上表现合乎理性原则的方法，这种作法都可称为理性规划之范围。

感性的规划即是以现代感性美学为依据，采用富于感性意念的形体为主所规划的室内设计，感性造型往往是非理智的，即兴而发的偶然产物，它的最大特点在于自由意念的发挥，不拘于法式下形成的自由律动。

理性造型规划是时代精神的结晶，而感性造型规划则是反抗机械主义的产物，各有偏失，在设计方案中最好是两者结合达到情理并重、情理合一的造型境界才是最理想的境界。

二、通过实践个人点滴的体会

1、室内体型环境的再创造

室内体型环境应该与建筑整体是一个完整而和谐的整体，在同一空间之中，无论是大至空间布局，建筑界面，或小至家具陈设，所有造型之间都存在一定的互相依托、互相协调的关系，如果缺乏完整的和谐，良好的比例、尺度和互相的平衡与完美的建筑秩序，必然趋于繁琐紊乱或平淡呆板，所以在室内设计的过程中必须采取有效的处理手法。

首先是搞顺建筑秩序，这是设计过程中首要的步骤，室内设计的整体秩序往往是与建筑的整体秩序是一致的，在建筑结构、框架已经确定之后，深入进行室内设计时，设计师的首要工作就是研究建筑整体布局、空间秩序、建筑整体设计构思与其设计意图，以及其在室内预期达到的效果。室内设计的构思应该是与建筑的构思是一致的。设计师把它的“秩序搞顺”就是说建筑的室内设计与建筑整体设计达到统一、协调，并调整了建筑整体设计的不足。

2、实践中的探索

近几年来我在实践中也作了一些探索，例举如下：

（1）北京人民大会堂澳门厅（一期工程1995年建成，二期工程1996年建成）

一期工程我开始设计首先是搞顺建筑秩序，改造了原建筑空间的布局和建筑环境，调整了建筑轴线，使建筑原状约200m^2工会办公室，形成横、竖六个视觉轴线，有秩序地组织了大厅的景观和视野，丰富了大厅的空间层次，并开发了附近的电梯厅和屋顶天台，使建筑由一个单一的独立厅室，一跃成为面积为1300m^2复合空间，同时也改造了厅堂的出入口位置，形成人为的、有序的多层次空间。一期工程中充分的以理性规划，人为的创造了空间，而二期工程又是受了现有条件的约束，如几个路口的线路不规整。另外甲方又提出了民族传统风格的要求，只能运用一些非规整的轴线，形成了比较自由的空间，表现了澳门地方中西合璧的情调，也可以说是人为地利用了建筑语言使室内气氛达到了预期的效果。

（2）北京人民大会堂香港厅（1997年建成）

香港厅的空间由于地段的条件约束，分布在两个楼层，这是环境现状，在设计中刻意地加强了楼梯通道的造型，利用双柱门楼，强调楼梯间的入口，加强了楼梯间光环境的处理，以此吸引视线，人为地创造环境的导向性，使人感到这楼梯间并非孤立的，楼梯下面还有重要的厅堂，作为一种导向性的处理，使楼梯成为一个重要的联系空间，体现室内空间的秩序，建筑的各部分处理造型、比例及尺度均以这一重要目标去表达。人为地组织了空间的导向。

（3）北京人民大会堂人大常委会议厅（1999年建成）

大厅位于二楼，原状为一个狭长的空间，长度比例为1：6。甲方要求主席台设在长向墙一端，因此，此厅的布置，对会议视听十分不利。必须改造大厅的体型，符合大会议厅科学技术要求，首先是改造视觉空间，用半圆放射的韵律显示团结、向心、凝聚的寓意，两端采用叠落的隔断改善了长向过长的缺点，在隔断中同样以立灯装饰，化不利为有利，使空间有序，使空间更为完美。

（4）福建大会堂大堂与观众厅

福建大会堂主要的立面，面临福州西湖堤岸，建筑整体的设计采用了圆弧形的立面，正面大片的玻璃弧墙，通透的空间，夜晚厅内灯光辉煌、剔透、绚丽多彩，与湖面倒影上下对映，非常美观，是福州市中心区的一幅江南现代靓丽的风景画面。

我在室内设计构思之前，首先是非常赞同这位建筑师的整体规

人民大会堂小礼堂

人民大会堂小礼堂

划布局，并且体会到作者的独具匠心，同时也非常欣赏作者在建筑设计整体的时候已经为室内设计铺垫了很好的发挥余地。因此在设计过程中，我为自己室内设计的工作拟定了几项原则去探索，去构思。第一就是去努力体会建筑的物质功能和精神功能，把握建筑的性格特点。第二就是去努力做到为建筑的设计作深入延续的工作，达到建筑整体与室内设计的体型环境完美统一。在这一工程中对建筑中“现代气息”的表现作了一些尝试与探索，探索建筑构件的装饰效果，探索现代人对“美”的品味和审美观的发展，因此大胆地将地面做成三个大的橄榄形，强调了弧形的母题，用宏大的尺度、强烈的色调和大曲度的弧线、简洁的平面，这样它的室内立体构成形成大色块的组合，增加了气魄的尺度感，反映了一种现代构图艺术。建成后得到了大多数人的肯定。

（5）八一大厦阅兵厅中性格的表现（１９９９年建成）

我设计的八一大厦阅兵厅及南门厅，这既是军委办公楼——被人誉为中国的“五角大楼”的主要入口大厅，又是中外军队最高领导阅兵与交往的处所，不言而喻这栋建筑应该体现军队的“精神面貌”。我在开始设计的时候，就体会到军委大厦的阅兵厅应该朴素大方、坚实有力，但又应具有精湛技术的时代感和阳刚之气。在这里我采用了浅灰色的花岗岩做表面装饰，表现了朴实无华的性格；其次在造型的尺度方面选用了一些大尺度的构件，如两层高的大型弧墙，使人有雄伟感。再次选用大片的玻璃栏板，它不仅仅对“大尺度”是一呼应，而且材质方面也表现了时代感。

（6）北京人民大会堂小礼堂（２０００年建成）

小礼堂的改造方案作了一年，方案反复修改，主要是这一大厅在人大会堂的厅室中被称为“重中之重”、“精品中的精品”。因为它是一个会议与演出兼备的大型厅堂，因此声、光、科技的要求占到首位，观众厅在会议时还要求台上、台下都要具备摄像照明的要求，也就是说建筑艺术与设备要求必须符合。另外这一厅室的改造不少部分与旧建筑现状的结构、水、电、暖等管线有矛盾。我在这个设计中也是首先调整建筑秩序，结合环境条件，用平衡手法而不是用原状的对称处理手法，组织好构图中的主次关系，规划为斜向的轴线，灯具、台阶等都依据这样的建筑秩序互相配合，协调统一，形成完美的构图。建成后受到群众的好评。

综上所述，室内设计与建筑平面不应有矛盾，建筑师不是改变建筑整体，而室内设计是建筑设计的组成部分，室内设计既是受制约于建筑整体，又深入美化调整了整体的不足。

因为室内与生活贴近，于是室内设计又蕴藏着更多的精神需求和个性的体现，因此它的感性规划又是十分重要的。在室内设计中永远是理性与感性规划的有机结合，才能达到完美的境界。

人民大会堂香港厅

人民大会堂香港厅

人民大会堂香港厅

人民大会堂香港厅

人民大会堂澳门厅

人民大会堂澳门厅

人民大会堂澳门厅

中央军委八一大厦

中央军委八一大厦

王 玮

出生于北京。

１９９９年毕业于中央工艺美术学院环境艺术设计系并获文学学士学位。

现为香港创峰建筑装饰工程有限公司室内设计师。

周 培 立

１９６９年出生于香港。

香港理工学院、香港摩利臣山工业学院毕业。专业为室内设计和家具设计。

香港创峰室内设计有限公司创办人、总设计师。

设计是人性的体现

不同的设计团体或个体都渴望追求属于自身的设计表达语言，这就是设计丰富着人类生活环境的最初动力。

在设计表达方面，我们不拒绝个性化的探索，同时注重设计与所服务环境特性的协调。能在协调中表达我们团体的设计个性是我们期待得到的最佳结果。

作为ＨＣＬ　ＩＮＴＥＲＩＯＲＳ设计团体中的一员，我们在设计中不能纯粹追求学院时代的前卫个性，亦不会盲目跟从当前某些浮夸、造作的风尚。

商业空间也好，办公空间也好，空间原形大多要靠设计师的双手与头脑为其赋予实际的功能及审美意义。而在这最初的阶段，设计师对于目标空间性质的把握、分析、推敲，加上设计者本人的观念、素养、审美取向，往往决定着一个空间设计作品的最终命运，虽然在随后的设计发展阶段，难免辗转、修改，但对于设计行为来讲，我们往往无法回避最初的创作意念，也许由于其中包含着宝贵的原创性吧。在这里大家看到的诸多作品中，不可否认部分成品设计已同最初的设计有所差别，但我们同样珍惜每一个设计的原创思想，因为它往往是产生最终设计作品的骨架。珍惜设计的原创性，可以令我们在设计过程中少走一些弯路，而且也是对设计者本人自身能力的一种历练。

同我们的Ｓ．Ｃ．ＦＵＲＮＩＴＵＲＥ团体一样，室内设计也好，家具设计也好，我们都有自己的风格——Ｓｉｍｐｌｅ＆Ｃｌｅａｒ。为了追求这样的设计风格，我们有时不得不舍弃一些自身个性使然的创造欲望，但从中亦感受到一个设计团体的整体风格给个人带来的满足与挑战。

北京TCY办公室

北京TCY办公室

北京TCY办公室

CYBER BASE北京公司

CYBER BASE北京公司

CLUB GREEN餐厅

CLUB GREEN餐厅

CLUB GREEN餐厅

BAR CODE餐厅

BAR CODE餐厅

BAR CODE餐厅

1959年出生于哈尔滨市。

1986年毕业于中央工艺美术学院室内设计系，获学士学位并留校任教。

1995年毕业于日本爱知县县立艺术大学研究生院空间计划专业，获硕士学位。

1995年至1998年任日本名古屋Be设计株式会社一级建筑士设计事务所设计主管。

1998年起任中央美术学院设计系环艺教研室主任，副教授。

王 铁

室内·空间·环境

设计师本人就是一把比例尺。无论在任何环境里，必须拿出这把比例尺（原大比例），对所处的空间进行比例、尺度的比较分析，时间长了自然成了一种职业的习惯。设计意识就是在日常生活中逐步对空间、环境、形态、比例观察而产生的一种职业习惯。

与时代对话不是谁都能成功的。设计作品的表现手法异常之难是不难想象的。不同的空间，不同的设计要求，能够给人对话的引导是设计师在设计中寻求的方向。室内空间设计就如同人和衣服之间的关系。人对自己的服饰是下一番功夫去思考的，但真正能够找到适合自己形体，展现自己风貌，表现出自己性格的服饰，体现出全面修养和知识，不是谁都能找到的感觉。

室内空间设计作品的完成，对使用者和观赏者的意见听取是最好的结案。找到适合现代室内空间环境，探讨室内空间环境设计是每一位设计工作者在现代环境空间设计领域里追求空间表现的一个课题。

要改变、引导全社会对传统观念的新认识，在现实的环境里找出一条中国民族风格的新表现方法。在五千年历史长河中，国人的建筑物里面肯定有适合今天社会文化的精华，努力去寻找定会映出新的表现形式，寻找它是为民族风格的发展发行了一张在空间设计领域中跨进新世纪室内空间设计的门票。

在室内空间设计物身上附加、照搬古代文明符号，是设计上最要不得的东西。文明的历史香味飘进了现代建筑空间，同时也飘进了室内空间。它是在对传统文化的理解消化的基础上所产生出的一种时代风貌，这才是设计者今天要追求的时尚，它既要强调历史性、文化性，同时还要产生时代性。

认真对每一个细节进行分析，是对一个设计师的设计水平综合评判的唯一标准。把握整体大方的形态，新一代设计师追求的应该是去掉镜框的，有新的构思的作品。

经济增长和国际化的进展，海外旅行者的进入，国际金融的登陆，国际化企业的进出，外国建筑师的涌入，中国建筑法的实施，人民生活质量的提高，施行的大众化、组织化是新空间室内设计的一个大发展和机遇。

设计师是提高修养、品位的时候了。对比例、尺度、色彩和造型的完美和谐与统一，是这个时代的要求。精品应该诞生在对环境和条件深入的调查与理解上。

对维护传统风格、夺回传统风格、唯我独尊、以自我为中心的设计心态应严加克服。积极探索，试图超越，设计观念的异彩纷呈是检验一个设计师的标准。

辽宁省新华书店图书大厦门厅

辽宁省新华书店图书大厦音像及光盘销售区

鹤岗九洲大饭店大堂

哈尔滨市科技信息中心门厅

北京海淀医院门诊科研楼电梯厅

某大学门厅

鹤岗公路客运枢纽站售票大厅

鹤岗公路客运枢纽站会议室

金鸵俱乐部会议室

１９６４年出生于天津。

１９８９年毕业于天津工艺美术学院。

现任天津市建筑设计院室内设计室主任，建筑师。

作品多次在全国性室内设计专著中发表。

刘 杰

私人住宅室内设计

今天的私人住宅已经成为一种可以接收、传送图像、声音、文字、数据，成为没有距离的世界。网络技术使得家庭办公成为可能，书房已经成为历史，办公空间成为现代住宅的新内容。

当原来仅适用于大型建设项目的新技术、新材料步入住宅领域时，大量的玻璃、不锈钢及铝材的应用成为可能，这不仅是一个技术问题，更是一个观念问题。

家庭结构的转变使得住宅内部私密性的概念发生很大的变化。由于不需要声音和视觉的私密性，由三人或仅夫妇两人构成的家庭将打破楼上楼下、私密与公共分离的传统模式，向更加灵活、更加开敞的方向转变，这将是２１世纪私人住宅装饰审美意识的趋势。

居室设计

居室设计

津港房地产评估有限公司门厅

津港房地产评估有限公司会议室

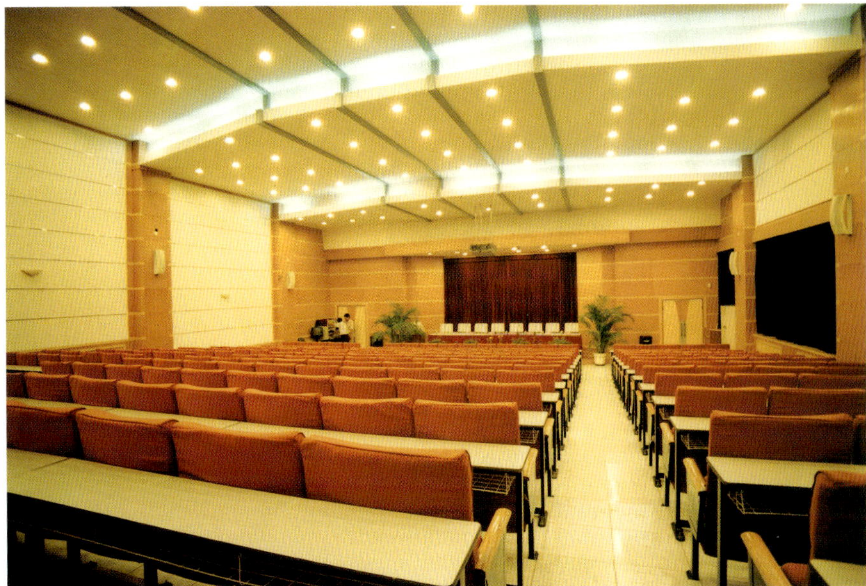

财经学院综合办公楼报告厅

财经学院综合办公楼

财经学院综合办公楼

1968年出生于沈阳市。

1991年中央工艺美术学院环艺系毕业，获学士学位。

现为清华大学美术学院环境艺术设计系讲师。

1996年作品获第一届全国室内设计大展金奖。

1999年获第九届全国美展金奖。

2000年作品获第三届全国室内设计大展银奖。

刘铁军

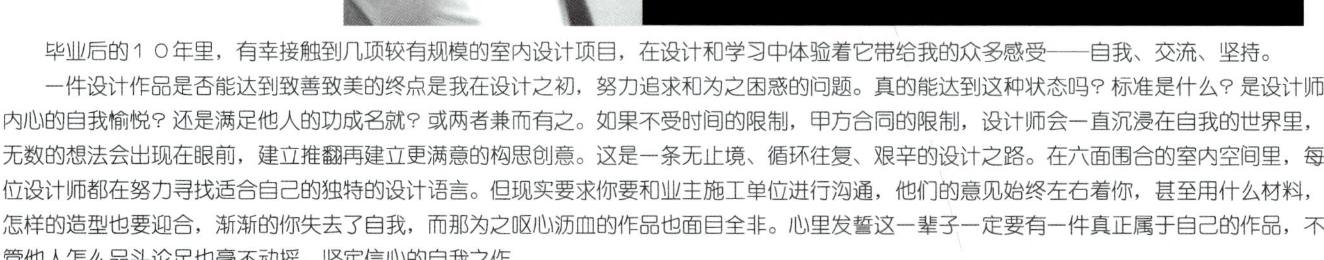

毕业后的10年里，有幸接触到几项较有规模的室内设计项目，在设计和学习中体验着它带给我的众多感受——自我、交流、坚持。

一件设计作品是否能达到致善致美的终点是我在设计之初，努力追求和为之困惑的问题。真的能达到这种状态吗？标准是什么？是设计师内心的自我愉悦？还是满足他人的功成名就？或两者兼而有之。如果不受时间的限制，甲方合同的限制，设计师会一直沉浸在自我的世界里，无数的想法会出现在眼前，建立推翻再建立更满意的构思创意。这是一条无止境、循环往复、艰辛的设计之路。在六面围合的室内空间里，每位设计师都在努力寻找适合自己的独特的设计语言。但现实要求你要和业主施工单位进行沟通，他们的意见始终左右着你，甚至用什么材料，怎样的造型也要迎合，渐渐的你失去了自我，而那为之呕心沥血的作品也面目全非。心里发誓这一辈子一定要有一件真正属于自己的作品，不管他人怎么品头论足也毫不动摇，坚定信心的自我之作。

设计的过程中交流的问题也不是那么可怕，反而变得越来越重要，问题是自己要有明晰的解决问题的办法。同事之间、师生之间、设计者与业主之间关于不同设计理念的讨论会开拓自己的视野，了解业主、甲方的需求，也让他们了解并接受你的设计意图，这才是明善之举。

在设计首都国际机场航站楼贵宾接待厅的项目中，我学会了坚持。贵宾接待厅是面积近170m^2的完全封闭的空间，没有窗子，没有阳光，完全依靠人造光源，这样反而带给设计师极大的可塑性机会。

在墙上安窗子的想法是设计中偶然想到的，为了表现传统格扇的精致，弱化了墙面的设计，在装修过程中，施工负责人一直说服我修改墙面的材料做法，使之变得更丰富，更有构造感，可那样就会破坏整体空间的视觉效果。对设计信念的坚持最终赢得了满意的效果。

首都国际机场新航站楼贵宾休息厅

首都国际机场新航站楼贵宾休息厅

中联部多功能厅设计方案

北京国际会议中心剧场设计方案

北京国际会议中心剧场

北京国际会议中心剧场局部

北京国际会议中心剧场

1991年哈尔滨建筑工程学院建筑系硕士研究生毕业

并进入北京市建筑设计研究院工作至今。

主要从事规划设计、建筑设计及室内设计工作。

米俊仁

体味艰辛　享受创造

我本行是“做”建筑，偶尔客串“做”一把室内。总结这几年的从业经验，写出来与同行们切磋一下，以求自己能再上一个台阶。

理性与激情

室内设计所涵盖的内容异常广泛，涉及到的知识也很庞杂。每个空间功能与氛围的营造都需要设计师调动自己知识与修养的储蓄创造性地予以投入。对待功能这一层面，要有扎实的基本功，同时还要具有丰富的生活积累；对于氛围这一层面，则需要设计师具备良好的审美素质和不竭的想象力与创造力。在室内设计过程中，理性的分析与感性的把握是不可割裂的，二者应自始至终保持一种良性的动态平衡。如果一个室内空间在功能上有欠缺，那么无论多么华美的装饰都会显得轻飘、浅薄；反之，无论多么完备的功能与行为支持体系，如若没有恰到好处的装饰润泽，也很难发挥其功能的潜质。

经验与手法

室内设计的经验来源于设计师的工作与生活，设计手法则是经验的结晶。因此，设计师在日常工作与生活中，要随时随地留意身边的一切事物，点滴的感受与微妙的启发往往是设计灵感的诱发因子。一个内部空间环境的创造过程，本质上是设计师一系列设计理念通过诸多设计手法物化为环境因素的过程。一个内部空间环境能否被体验者认同，在于设计师的经验沉积是否丰厚、设计手法是否得体、物化手段是否科学。这就要求设计师既要掌握设计哲学，又要摸爬滚打在工地现场，逐步摸索出一条从构思到“成活”的坦途。

甲方与乙方

室内设计项目的许多甲方比起建筑设计项目的甲方，往往更喜欢发表自己固执的意见，对设计方案也爱评头论足，往往弄得设计师无所适从、无从下笔。原因在于室内环境更对应于人、贴近于人；而人们对于室内环境也多一些经验，多一些感受。设计师如何面对甲方？是唯命是从，还是唯我独尊？我的体会是先唯命是从，后唯我独尊。在设计的前期，允许甲方提出尽可能详尽的要求，力求对甲方的要求心领神会。然后，抛开甲方进入构思、创作的“黑箱思维”过程。在这一过程中，设计师自身的审美个性和经验积累会自发地与心目中颇具个性的“甲方”进行一番风雨波折的较量，取舍难夺，进三退二。这样产生的设计方案十有八九能够得到甲方的认可，而且在攻守中也能留有自己的阵地。当然，对于特别开明的甲方，我们另当别论。

总之，“做”室内是一件苦差，事无巨细，且均要事必躬亲，冥思苦想，爆土扬尘，苦口婆心，好在烈焰中飞出金凤凰，体味艰辛与痛苦之后，才能进入真正涅磐的境界。

人民大会堂人大常委会议厅

人民大会堂人大常委会议厅

和平宾馆大堂改扩建

和平宾馆大堂改扩建

和平宾馆大堂改扩建

和平宾馆大堂改扩建

１９８６年毕业于中央工艺美术学院室内设计系。

１９８６年至１９８７年赴阿拉伯也门共和国从事设计工作，现任清华大学美术学院环境艺术设计系副教授，主要从事室内设计、人体工程学及计算机辅助设计方面的教学及研究工作。现为中国工业设计协会会员，中国室内设计学会会员。

主要著作有：《室内人体工程学》、《环境艺术设计与理论》、《家庭装饰装修》、《室内设计资料集》（部分章节），并有大量的设计表现作品在各类出版物上发表。

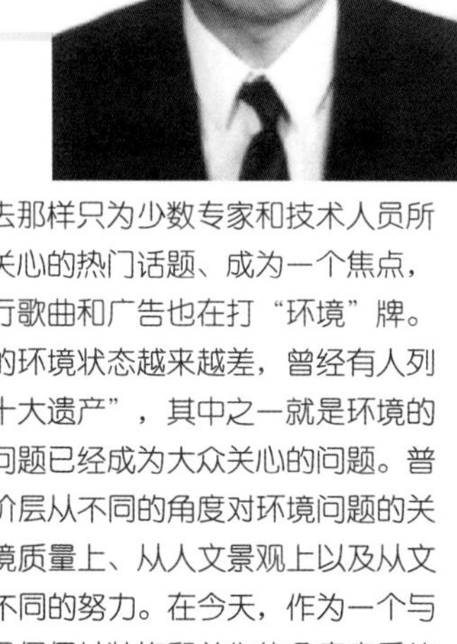

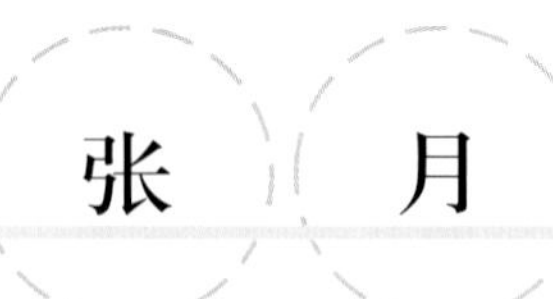

环境这个词在今天已不像过去那样只为少数专家和技术人员所关注和认识，他已经成为大众所关心的热门话题、成为一个焦点，甚至成为一种时尚和时髦，连流行歌曲和广告也在打“环境”牌。这也许是件不幸的事，说明我们的环境状态越来越差，曾经有人列举了２０世纪人类留给后代的“十大遗产”，其中之一就是环境的恶化。这也许是件好事——环境问题已经成为大众关心的问题。普遍的关心引来了各个行业、各个阶层从不同的角度对环境问题的关注——从生态学上、从生活的环境质量上、从人文景观上以及从文化对环境的影响和改善上进行了不同的努力。在今天，作为一个与环境有关的艺术工作者，如果还是仅仅从装饰和美化的角度来看待环境问题就有些太狭隘了，这种观点是现在环境设计行业的一个非常流行的通病。造成了一片华而不实、追求形式之风。而我门应该是从更高的角度，从城市的景观、公众环境的质量和文化的角度来看待环境设计。

一、环境与文化的继承性

即使是像今天这样的信息时代，在世界各种民族文化相互融合的情况下，地域的和民族的文化仍然顽强的不失本色。现代化不应人为地排斥地域特色，我曾经去过一些国家，在建筑和环境文化上的民族色彩给我以很深的印象，使人感到今天的建筑文化和环境艺术无不与过去的历史文化有着某种关联或继承关系。这种关系有些是与地域相关的，有些是民族文化的影响，尤其是在欧洲，即使是在技术性很强的领域，民族的差别依然存在。例如：在德国的现代建筑中总是或多或少地感到德国古典建筑的典范——哥特式建筑的遗风——高耸的、垂直向上的造型，竖向的、狭窄的立面分割。对金属材料和装饰的偏爱也可以从建筑文化中发现。而在法国，法国人的浪漫和自由精神，以及传统的艺术气质也造就了与比邻的德国不同的建筑风格。法国古典建筑的自由的、毫无拘束的构思、精美的艺术品与建筑和环境的完美结合，富有艺术气质的风格，在今天也仍然是法国建筑的特征。这些古今之间的联系说明：现在的文化和技术是过去几百年乃至上千年技术与文化积累的产物，看看过去的历史才能知道现在事物发生的原因。这种关系可以从两方面来理解，其一是高水平的、发达事物也是积累而成的，举个例子：我们在国内看到达芬奇、拉菲尔、伦布朗的艺术作品时，无不为其精湛的艺术造诣而倾倒，但是如果你到过卢浮宫、到过佛罗伦萨，你就不会再奇怪他们为什么会达到如此的高度，在那里他们并非平地起高峰，一览众山小，而仅仅是群峰中的一峰，只不过是比别的高一些罢了。看看古罗马宏伟的建筑、优美的巴黎城和奥塞美术馆的精美的艺术品，对欧洲过去的工艺和技术会有一种新的认识，其今天建筑的技术和工艺的高度发达也就是顺理成章的。其二是文化背景对认识的影响问题。在一个地方看似平常的事物，在另一个地方可能会被认为是很稀有的。许多我们这里感到非常新奇出色的设计构思和工艺技术，到人家那里一看遍地都是，好的只不过是其中的优秀者，而且有很多是在过去的传统上发展起来的。其实这仅仅是文化发展的不同历程、不同地域所造成的对同一事物的认知差距，并不能说明两者之间在发达程度上的不同，只不过是文化发展的内容和时间不同而已。在东方人和西方人的互相看法中都有这种因素在起着一定的作用。因此就有了对待差异的态度问题：即不要枉自菲薄，其实他们也不是圣贤，也是在前人的基础上发展起来的；也不要妄自尊大，你的长处别人只不过因为某种原因没有发展罢了。在文化的继承上的一个特例是日本，日本人给人的感觉是在玩技术、玩风格，他们的设计有很多是对西方的抄袭，没有自己的东西，例如东京的新都厅等。反观我们自己也在犯着同样的错误，我们天天说要搞民族传统，但实际上却是在追随别人的风格，抛掉了很多自己的好东西。

二、环境与文化的差异

中国人与西方人在环境的规划上有很大的不同，中国人的生活空间在院子里，所谓建筑的空间景观序列也就是从院门开始。比如故宫和苏州园林，因此中国建筑的景观也都在院子里。也正因为如此，虽然如北京的城市规划有很规整的轴线，但这种轴线在街道上是看不见的，街道的尽头多数是空的，没有景观。封闭的空间和院落之间的空间序列是典型的中国特点。街道只是个通道，没有供人停留闲暇的地方，所以在街道上除了各种店面，很少有景观，我们的城市雕塑水平不高，这大概也是其中的原因之一。而西方人的生活在街道上，街道是生活的场所，有人曾形象的比喻：街道是欧洲人的起居室。大大小小的广场、绿地和步行街为人们的室外活动创造了理想空间，即使在繁华的商业街区，人们也很少在室内停留，商店内人很少，在灿烂的阳光下，人们在室外聊天、喝茶、观看艺术表演和休息，露天咖啡馆、雕塑和喷泉星罗棋布其间，建筑的景观也都在街道上，街道的轴线非常强烈，在每一街道的尽头都有一个景观建筑。这些共同营造成了一种室外公众的环境和氛围。而在我们这里缺少一种室外的公众环境，甚至连公共的绿地也要围上围墙变成公园来收门票。在欧洲等发达国家这样的公园是没有的，只有公共的绿地。这种差别造成了这样的现象：当我们在拼命的不遗余力地大力装饰我们的室内环境时，西方人却对他们的室内环境并不十分在意，而是更多地注重室外环境，注重城市中公众环境的营

佛山国际商业中心大堂

鹤岗九洲城酒店大堂

造。所以，我们的环境艺术水平不高，也与我们缺少这样的公众环境有关系。

三、环境与高技术

现代环境设计的内涵已经不仅仅是美化的问题，不应简单地理解为装饰。环境质量的评价是多方面的，有形的空间艺术只是其中的一部分，高技术的运用在环境设计中也发挥着日益重要的作用。在欧洲和日、美等国，高技术离人们并不遥远，很多都已应用在人们的日常生活中。在许多饭店中，在大堂设有非常容易使用的计算机咨询，你可以不必麻烦服务人员，自己从计算机上获得你想要的一切。在火车站也有类似的设备，你只要输入要去的城市号码，马上就可以得到十分详尽的有关那个城市的资料，很多地方的街道设有许多干净整洁的自动厕所，你只要投入硬币即可，完全是自动化的。高技术除了用来为人提供高水平的服务外，也被用来进行环境的有效管理。德国斯图加特市中心的广场，有很多可以自动升降的金属柱，它们都用由太阳能供电的自动控制设施控制，每天定时升降用于控制汽车的进入。它是铁面无私、不讲人情的，避免了由人来管理的弊病。先进的技术也还被用来帮助那些行动不方便的残疾人，在日本的京都市，十字路口设有专为盲人设计的交通指示，用不同的声音来表示红绿灯，为了避免持续不断的声音造成的噪声污染，把声音设计成自然中的各种鸟叫声。在各种公共设施中都设有专为残疾人服务的设备，有时即使是一层楼也要为他们设置一部电梯，残疾人专用的标志随处可见。这些设施消除了残疾人与其他人共同参与社会生活的障碍，真正使他们获得了与别人平等的待遇。从这些例子可以看出，环境的美不仅仅是视觉的美化问题，而是人们对整体环境的综合评价与感受。

由这些国家在环境方面的发展可以看出，现代的环境设计已不是简单的规划和美化，而是一种社会环境的全面再创造。当然，由于我国的国民经济发展水平还不高，因此许多问题一时无法解决，但我觉得我们在对环境的认识上和如何建立良好的公众环境、城市景观等方面应该向发达国家看齐。把环境设计不应仅仅看成是装饰美化，而应从创造良好社会氛围和公众环境的角度来处理。在具体实施时应该是利用技术的、艺术的和社会文化的各种因素来全面解决。

中央军委八一大厦会见厅

中央军委八一大厦东门厅

中央军委八一大厦东门厅

唐山明星歌舞厅

全国总工会职工之家中庭

中国现代室内设计研究散记

1964年毕业于原中央工艺美术学院建筑装饰系。

一直从事展览设计、室内设计和建筑装修专业。

曾任原中央工艺美术学院副院长、室内设计系主任、环境艺术设计研究所所长。

现为清华大学美术学院研究所教授、中国建筑学会室内设计分会会长。

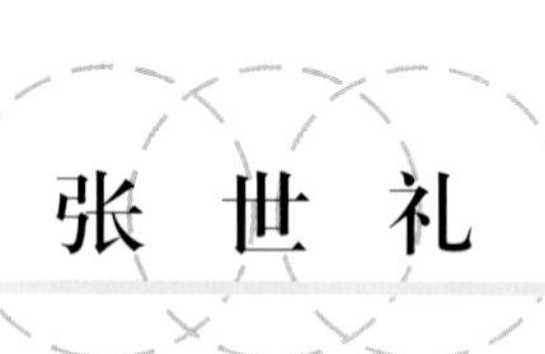

张 世 礼

中国现代室内设计专业及其施工行业在20世纪70年代以后发展很快，已成为国家经济新的增长点，室内设计从业人员据不完全统计已达到20多万，形成了庞大的专业队伍。不可否认，在这一过程中涌现出一些优秀的室内设计作品，也造就了一些专业知识结构全面、文化修养广泛、设计能力和水平较高的设计师。但是，从整体上看专业设计人员中绝大多数人是相关专业或其他专业转过来的，缺乏对系统的专业理论、专业知识的研究，设计实践存在问题较多，我国现代室内设计水平与发达国家相比是滞后的。在我国加入WTO之后，我们将面对激烈的国际竞争，必须重视专业理论和专业知识研究，使专业设计水平有较大的提高。为此，笔者拿出几点研究的散记和同行一起研讨。

一、可持续发展战略已在全世界确立，是科技、经济、文化全方位的。世界各民族各地域文化都是人类历史累积的结果，是人类的宝贵财富，其精华是和现代及未来联系在一起的，对人们是永久的精神寄托和文化陶冶。全球一体化趋势是物质与文化共享，加强了人们对民族特征与地域特征的怀恋，增强了人们保护人类文化遗产和人居环境传统风貌的意识和要求。持续发展中保持文化的连续性和多元化，成为全人类的共同愿望。因此，联合国组织和各国出巨资保护文化遗产，对于现代文化的创作，人们提出“越是民族的也就越是世界的”明确口号，提倡在现代文化创作中融入民族的地域的传统文化的神韵，保持地域文化的特色。

设计师要完成创造具有民族的地域文化特色的现代室内设计文化，就要对传统文化有深入的研究，第一要研究本民族及所在地域的传统文化，使自己具有深厚的文化底蕴，才能在笔下诞生出具有特色的作品；第二也要研究外国的传统文化，是为了融合、发展。

中国有上下五千年的文明史，传统文化博大精深，在设计文化方面思想观念和方法至今也是很有价值的。比如，中国历史上老子“天人合一”的哲学思想对中国传统建筑文化产生深刻的影响，中国建筑木构框架结体和这种思想观念完美结合，创造了大量民居及园林建筑室内外空间交融、变幻的千变万化的空间意象，使景情相生，物界上升为精神境界，是今天现代建筑在空间上的最高追求。比如，中国传统建筑与室内设计运用了大量寓意象征的手法，从装修图案到陈设书画及工艺品，从建筑外形到室内外空间组织，赋予物以精神内含，寄托了国人吉祥、美好的愿望，这也是中外现代建筑及室内设计赋予特定环境以特征以灵魂的重要手法。关于中国建筑与装修的形式美，这更是给世人印象最为强烈的方面，如，潇洒的建筑外檐，丰富多彩的内部空间间隔处理：隔扇、罩、架、格、屏风及天花、柱式、梁枋等，都在色彩、质感、比例等造型方面，在人们长期的生产、生活中形成美的感受，形成了形式美的法则，这种法则在视觉艺术领域都是相通的。

我们往往看到一些追求传统文化的设计作品只是从传统文化遗产中拿来皮毛，只是追求空间视觉形象的形似，甚至是扭曲现代材料、工艺的优越性能和美感去模仿过去的式样，表面上看十分中国味，但从空间的整体效果看却只是一道舞台布景，陈旧、做作。这不是设计而是模仿，不是继承发展而是倒退。中国的文化不是停留在表面效果上而是追求“意境”，不是逼真为标准而是讲求神似，应研究内在的东西，体悟其思想观念、美学取向等深层的问题。

笔者也看到一些在文化上有深度的作品，比如在人民大会堂重新设计重新装修的厅堂中注重选取地方传统建筑内檐装修的构件，吸收地方其他艺术品中或自然中元素，结合建筑内部空间、结构、功能和现代材料加以简化、提炼，再用现代手法加以重构，形成具有意义的新形态，并构成流动的变化的多层次的空间，在文化上即反映了传统文化的神韵又具有强烈的时代感。当然人民大会堂室内设计也不能作为一般的范例，不同风格的室内环境在表现文化内涵上有不同的特点，一个设计师如果对中国传统文化有深刻的了解，具有深厚的文化底蕴，对传统文化特色不刻意追求，甚至是追求现代文化风格的设计作品，也会体现出传统的神韵，反映出过去和今天的联系。例如，在北京给我印象很深的建筑是北京火车站口的国际饭店，这个建筑并没有大屋顶和大红柱，但其敦厚、端庄、含蓄又富有扩张力的形象，极其具有中国传统建筑的气势和神韵。

二、有些发达国家在室内设计领域有两种分类：一个是和建筑主体相联系从建筑界面开始设计，从业人员职称为室内设计师或室内建筑师；另一个侧重室内陈设布置和部分陈设艺术品和实用品产品的设计，不大涉及建筑界面的固定装置，从业人员职称为室内设计师或室内装饰设计师。前者的工作除艺术外涉及到建筑功能、技术、安全等问题，甚至高科技问题。设计师就应具备相关的建筑构造、水暖电专业以及建筑、装修材料方面基本知识。目前我们国家相当一部分设计师没有解决这个问题，所以，不少室内设计不仅功能不合理甚至发生墙倒、顶塌、火灾、污染严重超标等严重问题。或者方案效果图很好看，接触到建筑实际后实现不了，东改西改，最后面目全非。

信息时代科技发展很快，推动了建筑文化和技术不断进步。例如，适应建筑造型和跨度的要求，建筑结构体系在发展。例如人们对室内环境质量的要求在提高，建筑中设备系统也在发展，智能文化水平越来越高。特别是现代生态建筑发展，建筑的材料、技术、

外交部驻澳门特派员公署主楼门厅

外交部驻澳门特派员公署宴会厅

宾馆中式套房室内设计

宾馆中式套房室内设计

形态和设施将有很大的变化，作为室内设计师在知识上也必然要相应的更新、充实，不然就不可能适应设计工作需要。

新的室内空间及平面形态与新的材料、技术是密切相关的，上个世纪因为出现了高强材料及其相应高层、大跨度的施工技术，才把现代建筑文化推向辉煌的高峰。室内设计师应该研究新材料及其结构技术，在设计中充分发挥新材料、新技术的优越性能，创造中国现代室内设计文化的新形态。例如，现代装修材料及施工技术越来越先进越来越丰富，其漂亮的外观及优越的性能远远超出传统材料，可以把人们想象的氛围变幻无穷的奇妙的空间环境付诸实现；可以不需以各种线角加固、装饰，室内界面就坚固、平整、漂亮，以其简洁的造型，丰富的质感，鲜明的色彩所组合成的形态给人以意想不到的技术的美感。这种美也在逐渐影响着人们的审美情趣，在形成人们的现代审美观。

室内设计是艺术与技术相结合的，充分发挥科学技术对人类文明进步的促进作用，使人类生活环境达到全面的、整体的提高，是现代室内设计的特点。

三、现代社会人们的经济生活、思想观念、家庭结构、生活方式都在迅速发生变化，设计师不能只埋头艺术、技术，同时要研究社会，研究社会中的人，才能把握设计主动权。例如：由于电脑互联网迅速普及，信息快捷，人们的生活方式会普遍发生变化，不少行业将不再只依赖写字楼、办公室开展工作，住宅的环境设计将扩展到工作领域中，家居设计增加更多社交，工作的内容。比如，目前不仅在发达国家，就是在我国，住房条件也已大大改善，四世同堂不存在了，夫妇两人的家庭结构多起来，这样住宅内部空间的私密性就会减弱，内部空间的界定就不会像过去那样死，室内设计向开敞、流通、通透的方向发展。特别是由于以下两个方面观念的变化，现代室内设计潮流向着简洁的方向发展。第一，人们的心态趋向平和，不再崇尚装饰以表现自己的地位，而是讲究科学，注重室内设计繁简适度富有节奏、韵律感，有益于身心健康。第二，世界经济全球一体化，以及个人经济水平提高较快，相当一部分人家园不像过去长久固定，而是流动、更新较快，频频在装修上下大功夫已不合时宜，人们开始崇尚“简装修，重陈设”。陈设艺术品（包括实用艺术品如工艺地毯）可以随着主人乔迁新居而移动，可以保值，特别是也能体现主人的文化品味和爱好，形成居室的个性。例如：中国外交部驻澳门的特派员公署大楼，建筑内外装修是十分简洁的现代风格，二层过厅特别设计和摆放一套编钟，编钟架随墙体做成弧形，编钟外观凸起部分抛出青铜的光泽，编钟形体、色质和大厅十分和谐。编钟分上下两层由三组构成，上层二组十八钟，下层一组九钟，寓意着１９９９年澳门回归纪念。编钟造型及纹饰来源湖北出土的楚编钟，是中国传统的文化形态。二层过厅为宴会厅的外延空间，这个厅中陈列的编钟和侧墙上四幅敦煌乐舞陶瓷壁画相呼应，不仅营造出中国文化神韵，而且也表现出这个厅轻松、活泼、欢愉的空间性格。

四、最近，在设计文化领域提“以人为本”设计观较多，似乎是当今主要的正确的设计观。今天，面对世界过量的无序的工业发展和建设对自然和文化遗产破坏的严重局面，这种提法是否全面、准确？似应思考的。

２０世纪６０年代诞生了生态建筑学，半个世纪中很多建筑师或建筑研究机构研究了这个问题并日益受到重视，现在生态价值观正在成为规范人们社会行为的一种指导原则。生态价值观主张人与自然环境协调、融合；经济发展与自然资源协调发展的观点，以实现人类社会得以持续的发展。作为建筑设计延伸的室内设计专业，生态价值观也应成为当今专业设计重要的指导思想，生态价值观是绿色设计的思想来源，２１世纪生态价值观和绿色设计将是世界范围内大趋势。因此，室内设计师应当认真研究这个全局性的大问题并逐步实践。例如，中国传统建筑以木构为主，我们老祖宗就大量耗费了中国的森林资源，特别是“大办钢铁”，中国林木遭到一场浩劫，致使中国气候变坏，水、旱灾害严重。面对这种情况我们室内设计师能做什么呢？我们应当改变人们过分崇尚木装和过度装修的观念，节约林木等自然资源。例如，目前我们装饰材料市场含毒超标的劣质材料较多，我们要注意选择使用环保型的材料，促进生产厂家发展优质绿色材料。例如，在室内外环境设计中适当设计人为生态环境，改善小环境中气候。

全面推行绿色设计，要高科技支持，要和建筑设计、产品生产相结合，开发、利用太阳能、风能、地热能以及能源重复使用、循环使用，实现建筑自然通风、保暖等等，是任重而道远的。

我们中国的室内设计师从博大精深的传统文化中走出，迎着科技高速发展的信息时代，我们的思想观念、设计方法在发展。我们应脚踏实地并满怀信心地迎接２１世纪的机遇与挑战，我们会为造就能立于世界之林的中国现代室内设计文化作出自己的贡献。

宁夏回族自治区政府办公大楼室内设计

宁夏回族自治区政府办公大楼室内设计

宁夏回族自治区政府办公大楼室内设计

宁夏回族自治区政府办公大楼室内设计

宁夏回族自治区政府办公大楼室内设计

宁夏回族自治区政府办公大楼室内设计

宁夏回族自治区政府办公大楼室内设计

宁夏回族自治区政府办公大楼室内设计

于 莹

香港花旗装饰工程公司设计师。

香港花旗装饰工程公司设计师。

张伟

1995年毕业于中央工艺美术学院环境艺术设计系。

先后任职于中央工艺美术学院环境艺术发展中心、香港花旗装饰工程公司及清华大学美术学院环境艺术设计工程公司。

作品曾获日本龙富士美术大奖及第九届全国美术展览艺术设计金奖（合作）。

张 伟

设计需达成与业主的默契

设计者应该清醒认识到，他的组织无法对所有的使用者具有绝对的、持久的影响，现实生活中只能部分或者某段时间内做到。每个地域乃至每个使用者都具有自身的历史，自身漫长的未来。使用者的观察方法，经营管理概念都是不同的，所以设计师对此类功能性极强的项目只能施加部分控制。如果设计师坚持那种持久的影响，就必须充分了解使用者的方向，精确的计算预知未来，科技的进步速度，人群生活方式的演变，为设计的后续工作提供持续变化拓展的空间。

在典型的设计过程中，设计者很少有系统的机会从自己的错误中吸取教训，因为设计者本身并不是使用者，不是项目投资运营的受益者，他无从回收信息。而经营者、使用者也很少介入设计的初期阶段，往往是突然的、直接的迁入使用，在过程中适应这种提供给他们的环境。所以使用者、经营者与设计师之间缺乏真正意义上的沟通与配合。

最初的总体设计和精确的造价估算，有助于防止令人痛苦的后果，其实这也难免万无一失。装饰的风格、气氛的营造是业主炫耀的资本。但通常对于酒店经营者，更注重功能的完善、设备的齐全。所以，平面功能、空间交通的合理性是设计者杜绝大部分使用者事后要求修改的技术支持。

探索基本使用功能是设计师的创造方法。设计过程中，功能往往会与设计最初的概念形成戏剧性的冲突。通常导致与业主的直接对立。设计师理智的做法是采取谨慎态度。当设计问题集中，无法解决时，往往以功能为出发点，会有最佳的解决方案。

在众多经营使用者中，大多数人善于认清问题，却不善于构思理想的解决方案。将难题转化为特殊资产是一套有用的思想。面对问题要比梦想理想的建筑结构空间更实际。当问题出现时，确认无路可退时，应设想最坏的场景，使之成为反面。然后错叠感受时间、地域、空间、人文的转变，有时就会有重叠的景象生成，形成潜藏的联系，提示出协调的关系。大量的可能性产生于松散、自由的思维。设计者只需保证它是完整的包含所有要点的思路。

城市广场假日酒店

城市广场假日酒店

城市广场假日酒店

城市广场假日酒店

城市广场假日酒店

城市广场假日酒店

城市广场假日酒店

二十世纪中国现代室内设计专业回眸及专业思考

张绮曼教授，博士生导师，中国环境艺术设计专业的开拓者及学术带头人。

中央美术学院张绮曼教授环境艺术工作室负责人。

１９６４年毕业于中央工艺美术学院室内装饰系。

１９８０年该院室内设计专业硕士研究生班毕业。

１９８３年至１９８６年受高教部派遣赴日本东京艺术大学环境造型研究室任客座研究员，后聘为客座讲师。

自１９８６年开始担任中央工艺美术学院室内设计系主任，后扩大专业改为环境艺术设计系，任系主任。

现兼任中国室内装饰协会副理事长、工程设计委员会主任、中国工业设计协会常务理事、室内设计学术委员会主任等职。

主编大型专业书《室内设计资料集》、《室内设计经典集》、《室内设计资料集２——装饰与陈设编》。此外还著有：《室内设计的风格样式和流派》、《环境艺术设计与理论》、《住的艺术》等书，并发表专业论文近４０篇。主持大型装饰工程项目２０余项，曾获得省部级以上奖项１０个。１９９７年获国家劳动人事部“有突出贡献的中青年专家”荣誉称号并获得人事部、教育部“优秀留学回国人员”称号。

回顾中国室内设计专业２０世纪的历程，应是一件使人兴奋、倍受鼓舞的事。中国现代室内设计专业在２０世纪短短的一个世纪中从小到大，以极快的速度发展壮大到至今较为庞大的专业规模，通过设计所转化成的物质产品成为几乎所有城市居民感兴趣的、渴望得到的物质享受与精神享受。广大群众所带动的社会需求成为专业发展的强大动力，现代科技又成为专业发展的基础，促使了最终以满足人类需求为终止目标的设计专业的发展壮大。

室内设计为人服务，在满足人的生存居住和各类使用要求的同时，又规定并改变人的生活方式和活动行为，以及启发人的思维方式，调剂人的情绪和心态，它已经成为人类在改善生存条件的同时开展文化活动的重要内容。特别是发展中的中国，由于人民生活水平不断提高，全国范围的室内装饰热潮涌动向前，人们对居住需求及爱好的不同要求又形成了专业发展的多样性特点，以及具有区别于大工业产品生产的艺术特定要求，促使了现代室内设计专业必将较快地发展成一门介于科学和艺术之间的综合性新兴专业。其专业内容涉及生态环境与人文环境的许多方面，与人类社会可持续发展战略有着密切关系，在改善人类生存环境，创造理想的社会环境过程中发挥着重要作用。从２０世纪室内设计专业的发展速度和规模来看，２１世纪必将成为中国环境设计的新世纪。“改善环境”“创造环境”也必将成为２１世纪全球人类文化活动的重点。

２０世纪的中国近代室内设计专业活动应当从１９１１年清灭之后开始。１９２７年至１９３７年中国建筑活动取得短暂的繁盛时期，成为中国近代建筑发展的最重要阶段。室内设计附属在建筑设计之中，由建筑师统一完成。这一时期所留下的设计遗产大致有三类：

１、中国传统建筑室内的“民族形式”是以木架梁柱结构为基础的室内空间形式，经历了数千年的发展完善，形成了中国传统的风格样式。其固有的造型特征被称为“民族形式”一直延续下来。

当时中国的一些建筑师出于爱国主义和民族自尊心，在设计界积极开展探索中国“民族形式”建筑的创作活动，努力汲取民族形式传统手法，注意运用近代新建筑材料和新技术。当时在建造较大规模的公共建筑时也提倡“中国固有形式”建筑，从而相继出现了称为“宫殿式”的建筑室内形式。

２、仿中国古典折衷主义建筑中的室内设计。在那个年代，中国建筑界的中、外建筑师曾一度出现以追随和抄袭西方古典建筑手法为时髦。在一批西方古典主义建筑作品出现的同时，折衷主义设计作品也接踵出现。主要是由于中国建筑师在国外留学受到学院派设计教育、设计思想影响，带有浓厚的仿古典式的折衷主义色彩。他们或是在设计中改革中国传统做法以适应新的结构要求；或是改革西洋形式使之适应我国的欣赏习惯。该时期在上海、天津、南京等地留下的一些作品，其室内设计大多是在现代建筑功能、结构和材料所形成的内部空间的构件和界面上，点缀某些中国的木构小构件，以及运用传统色彩、纹样线脚变化等来取得与传统的联系。这些作品具有中国传统样式的不同程度的特点。

３、近代中国西洋建筑中的室内设计，在本世纪２０年代末至３０年代是欧美各国进入“现代建筑”的活跃发展和传播时期。中国的一些大城市开始出现“现代建筑”趋势，建筑上运用钢和钢筋混凝土结构。高层建筑在城市中不断出现，部分折衷主义转为现代主义，使西方资本主义国家的传统形式和流派作品不断出现。比如１９２８年建成的表现美国芝加哥学派技术成就的沙逊大厦（今上海和平饭店）是一幢１３层钢架结构建筑。其室内设计十分讲究，汇集了９个国家不同风格的装饰和家具，客房保留至今仍在使用，为我们研究该时期室内设计的装饰风格和工艺做法提供了方便。

另外，上海新汇丰银行大厦、百老汇大厦、国际饭店的高层建筑、北京西交民巷外国官邸、天津开滦煤矿办公大楼、中原公司大楼、大连火车站，以及各大城市的西洋式住宅等，都反映了一次世界大战后西方建筑设计、室内设计水平逐步走向成熟阶段的。

１９３７年至１９４９年中国处于抗日战争时期和第三次国内革命战争时期，近代建筑活动几乎处于停滞的状态。１９４９年至１９５２年建国后的中国经历了国民经济的恢复时期，由于国力较弱，城市建设的特点是规模小、见效快。全国设计人员有限，综合设计力量薄弱，从事建筑设计和建设的人员主要来自旧中国的建筑设计事务所和工程承包商、营造厂。后经国家陆续培养出急需的建设人才，建筑设计队伍得到充实，建筑活动不但数量增多，质量上也有提高。这一时期的设计已开始注意经济问题和探索形式问题，有一些较好的作品问世。然而在１９５８年北京国庆工程的筹备工作之前，中国还没有将室内设计专业从建筑设计中分离出来，也没有室内设计专业队伍。室内设计均由建筑师作为建筑设计的一个部分来完成。因此中国现代室内设计专业的形成和发展应当认为是从１９５８年之后开始起步。

在筹备１９５９年中华人民共和国建国１０周年庆典活动时，政府决定在北京兴建人民大会堂等国庆工程。这项计划包括了十余项大型建设项目，故简称十大建筑。于１９５８年政府动用了全国重点设计力量，集中全国财力物力，在短期内完成了设计和建造任务。在室内设计方面，重点放在人民大会堂的项目上，首次聘请了装饰设计专家和画家、雕塑家配合建筑师进行“室内装饰”设计、家具设计及陈设艺术品的设计与制作。人民大会堂的建造规模最为宏大，万人大会堂内也配置了各种较为现代的设备。大会堂的建筑空间和造型艺术处理，不论是水天一色的天花设计（称为万丈光芒满天星式样），还是门头、檐口等重要部位的设计，都制作了模型反复的推敲，以求得最佳效果。在设计过程中对中西结合、民族形式等问题进行了探索。这些探索和讨论对于后来室内设计的发展是十分重要的。但是，北京十大建筑外檐装修和室内装饰的某些设计手法上的问题值得进一步探讨，如：外檐装修和室内设计的重点放在构件界面的表面装饰上，因此，装饰图案使用过多，且大多采用政治题材（如太阳、五角星、万丈光芒、齿轮麦穗、向日葵等）。室内色彩也以象征革命的红暖色调为主。人民大会堂大面积的红地毯尤为突出，它影响到我国多年来各地建筑的室内装饰不分场合地使用大红地毯，以此象征热烈和革命。此外，对称形大厅的正面墙上悬挂大幅绘画做法也流传甚广，成为现代厅堂的程式化做法。

北京的国庆工程在全国产生广泛影响，各地以十大建筑为楷模竞相模仿。从这些工程的室内设计中可看到设计为政治服务的造型形式和内容。60年代之后，中国开展“文化大革命”期间，受极左思潮影响，室内设计进一步强调突出政治，色彩处理上以“红色海洋”为其典型。可以说，20世纪50年代末至70年代初中国的室内设计是侧重为政治性建筑服务的，其装饰风格带有强烈的政治色彩。

自70年代改革开放政策实施以来，旅游业得到迅猛发展，逐年增多的海外旅客和国内旅游业发展直接推动着旅馆建设的发展。80年代进入中国建设现代旅馆的高潮时期，各类旅馆的建设水平不断提高，其室内设计的水平也有了可喜的突破。随着现代旅馆功能的扩展与综合化，广泛引进先进的科学技术与不断提高环境设计的文化内涵。设计人员到国外考察学习，外方直接在中国建造高级饭店宾馆，使国内设计师有了直接学习借鉴国外经验的机会，中国的旅馆室内设计水平在短期内得到迅速提高。如1974年建成的北京饭店东楼，1982年建成的北京香山饭店，1983年建成的广州白天鹅宾馆，以及上海的龙柏饭店、华亭饭店，深圳的南海酒店，南京的金陵饭店，曲阜阙里宾舍等，在室内都进行了深入设计，特别是在室内环境气氛与意境的创造上都表现了不同程度的追求和探索，技术性细部处理水平也得到提高。之后全国各地的旅游饭店数量猛增，这为室内设计师提供了较多的实践机会。因此，从这一时期旅馆饭店室内设计的数量和质量方面来看，是设计水平得到突破的时期。可以说，从70年代至80年代，中国室内设计的重点集中在为改革开放后的旅游事业服务，其设计特点开始具备明显的商业化倾向。

20世纪80年代末至90年代，随着中国改革开放的深入，使经济发展速度加快，人民生活水平明显提高，对居住环境的要求提到日程上来。由于家庭不断增多的家具、家电、衣物、日用品等而形成“物”的堆积，人们要求有符合生活需求的室内设计。因此室内设计开始走进普通家庭，掀起了城乡住宅装饰热。

经济发展的另一突出表现是商业发展和竞争。商业人员开始认识到室内设计也是商业竞争的重要手段之一。商店装饰从无到有，进而数年一换，不断提高档次，由此形成了商店的店面装饰和室内装饰热。

改革开放以来，我国引进的外资及三资企业不断增加，他们对在中国的办公环境和设施提出了较高的要求。有的直接从国外带进先进的办公设备由外方前来装修。这些都使得我国的企业和办公机构改善了办公环境，改善了企业形象。从而陆续出现一些装修讲究的接待室、会议室、办公室，形成了办公场所的装饰热。

进入90年代后的“三热”，促使室内设计范围不断拓展，开始为广大群众、为各类人服务。

杭州“金溪山庄”大堂

随之，城市公共空间、建筑外部空间环境的改善开始得到了重视。世纪之末，随着世界范围外部空间环境的大面积改造开发，景观设计发展很快。在中国也掀起了内部空间和外部空间设计中的景观设计热潮。各地成区成片地整治环境，开设大型广场。城镇公共空间环境改善成为世纪末中国广大地区最为突出的建设活动。

关于中国室内设计人才的专业化培养可以认为中央工艺美术学院是我国最早在高等院校中设立室内设计专业的院校。１９４９年新中国成立之后，遵照周总理的指示，于１９５７年首先在中央工艺美术学院成立了“室内装饰”系，以后曾数易其名，于１９８８年又将“室内设计”专业范围拓宽改名为“环境艺术设计”专业，列入国家教委专业目录。其教学重点仍是“室内设计”。

以奚小彭教授为首的我国第一代室内设计专家，在进行以中国传统为主的设计教育的同时，并带领全系师生投入了北京国庆工程的室内设计和施工监理工作。通过国庆工程的实践锻炼，摸索立足于传统又体现时代精神的现实主义的室内设计创作道路。设计获得了中央领导和社会上的较高评价。这些是我国５０年代之后首批规模宏大、影响广泛的装修、装饰与家具、陈设艺术配套完成的室内设计成果。为专业发展打下基础。

中央工艺美术学院完成北京部分国庆工程中室内设计任务的另一个有利条件，是利用了本院其他相关专业的优势，如家具设计、装饰艺术、染织美术、陶瓷美术等专业与室内设计专业配套服务，是室内设计取得协调统一的艺术效果的有利因素。

国庆工程之后仍有一些政府部门的室内设计任务，大多委托中央工艺美术学院协助完成。

１９６６年开始的中国文化大革命经历了十年浩劫，中国的室内设计处于逆境，专业人员纷纷改行，学院停招生数年之久，直到１９７７年才恢复了招生。１９７８年为了适应改革开放新时期的需要，中央工艺美术学院开始招收室内设计专业的硕士研究生，培养较高层次的专业设计人才。自本科恢复招生以来，室内设计专业及环境艺术设计专业来自全国各地的考生人数逐年增多，入学考试竞争激烈。但受艺术院校招收人数所限，年录取人数较少。在师资的培养方面，学院积极推选教师出国进修，在教改和提高教学质量上发挥积极作用。教学注重课堂教育与设计实践相结合，积极走向社会，锻炼了队伍又充实提高了教学内容和水平，使中央工艺美术学院环境艺术设计系能在专业学科方面发挥学术带头作用。历届毕业生、研究生活跃在全国各地，大多已成为中国室内设计专业的骨干人才。

但是，室内设计人才的培养仅靠一个中央工艺美术学院无论如何是不能满足全国建设不断发展需要的。１９８７年在建设部召开了专业论证会，决定先在两所建筑院校内增设室内设计专业。同济大学建筑系和重庆建工学院建筑系在设立室内设计专业后，于第二年开始招生。由于建筑学专业在我国归工科类，因此该两所大学的室内设计的教育特点与中央工艺美术学院室内设计教学的侧重面有所不同。前者侧重于建筑空间关系与工程技术教育，而后者更多地侧重于空间艺术造型、陈设艺术及装饰艺术教育。这种各有教育特色的专业人才培养，对于专业的发展是有益的。

自１９８８年国家教委批准了将室内设计专业扩展为“环境艺术设计”专业以来，中央工艺美术学院环境艺术设计系课程设置和教学重点已从室内设计向外部环境设计扩展，从过去片面重视设计表现能力转向注重培养学生环境意识整体设计思维创造能力。注重对中国传统文化遗产的学习，开展了各项调研，整理基础资料，于１９９１年开始陆续编辑出版了《室内设计资料集》、《室内设计经典集》和《室内设计资料集２—陈设艺术编》。这一套３本规模巨大，内容极为丰富的专业书籍，受到国内、外专业人士之欢迎。从而也填补了这个专业大型专业工具书的空白。开发、运用电脑设计，采取请进来，走出去的办法进行国际间学术交流，不断更新教学内容。坚持走向社会进行设计实践，与建筑师积极合作，在完成国内设计任务的同时又走出国门，数次承担完成了国外室内设计项

北京市政府外事接待大厅

目，达到了国际水平。

１９９８年后，全国各地艺术院校、轻工院校等高校纷纷增设“环境艺术”专业，对发展中国环境艺术设计专业产生了重大的作用，使之呈现蓬勃发展之势。尽管在１９９８年新颁布的国家高等院校专业目录中，由于制定人员对环境设计专业不够了解，将环境艺术设计专业错改为艺术设计学科之下的专业方向，不再名列于二级专业学科，但这并不意味着环境艺术设计专业发展的停滞。由于环境艺术设计与人的生存、生活息息相关，社会发展必将给予环境艺术设计以应有的学科位置，设计人才的专业化培养也必将得到较大发展。

以上简要概述了２０世纪中国室内设计专业的经历和走向，从世界范围看，由于室内设计与建筑设计关系密切，室内设计的发展状况受到建筑设计活动的许多影响，从世纪初建筑的现代主义运动开始，发展到世纪末国际学术界取得走可持续发展战略思想指导下的设计道路之共识，世界范围面向２１世纪的环境设计发展趋势大致可归纳出三个方面，即：

１、走可持续发展道路的绿色设计趋势。

２、在多元文化并行发展的信息时代，设计风格样式追求多样变化的趋势。

３、面向未来的创新设计趋势。这一趋势是２１世纪环境设计面向未来的发展重点。是历经本世纪多次国际设计会议研讨得出的共识，我国设计师应予以充分重视。

关于环境设计的“创新设计”，是否应从以下几个方面理解：

１　“创新”是信息时代知识经济可持续增长的关键。

社会经济增长的有关理论认为知识经济依赖于知识的创新，同时又推进着知识的不断创新。设计是文化，文化是知识的汇集，知识是不同于物资形态资源的一种资源，知识可以共享（如把一个设计得很好的椅子大量加工制作普及开来供大众使用，即为共享），在扩散过程中实现增值，但是扩散与共享的结果是既产生了增值，也发生了信息向所有市场的扩散，即为知识资源的耗散，该项知识原有市场价值的跌落和耗散，从而使依赖知识技术投入的经济增长趋于停滞。这个过程就使我们看到了知识经济依赖于知识的不断创新来实现增值，若无不断的知识创新，就会使依赖于知识的经济增长趋于停滞。因此我们说：“创新”是信息时代知识经济可持续增长的关键。不仅仅是设计专业，各行各业都在依赖知识创新实现增值，以推动经济的快速发展。

２、设计是一个创造的过程，没有创新就没有设计。

设计师通过创意思维，运用现代科技知识和技能，提出满足功能要求的物化设计，从而给人们创造出更为优化的环境。设计师面对草图是在不断创造，又不断推翻，不断修改，不断地自我否定，这整个是一个创造过程。可以说设计的过程就是创造的过程。因为要不断解决问题，提出新的创意，所以它是个创新的过程。这个创新过程，主要靠具有创新意识及智慧的设计师去完成。

３、创新设计的重点在“新”字上。

对于环境艺术设计而言，“新”的目标应当是：

·创新设计应努力探索人类社会生存、生产和生活环境的可持续发展的新模式。

·创新设计应创造出更为合理、健康的人类生存方式。

·创新设计应反映时代性及体现信息时代的科技水平和成就。

·创新设计应具有创造性意匠、体现信息时代的审美意趣及具有新的审美指向。

·创新设计应具有高尚的文化品位。

·创新设计应具有精良的细部设计。

〈１〉、创新设计应努力探索人类社会生存、生产和生活环境的可持续发展的新模式，就是首先要按照被国际社会广泛承认的原则进行环境设计。设计应包含能源及材料选择在内的各个方面：

①有利于保护地球这一人类唯一的生态环境。

②有利于人类自身的健康及安全。

北京市政府外事接待大厅

③有利于使用者精神和谐及心理愉悦。

这三项基本原则指导下的设计方法是：考虑解决好自然能源的利用，如：日光、风、土地、植被、水及各类自然材料的利用，并同时考虑减少能源及资源的消耗、回收、再生的开发利用，对绿色建材的开发利用等。

〈2〉　创新设计应创造出更为合理、健康的人类生存方式。主要是指为了保护人类赖以生存的自然环境，发展对环境无害材料的开发和利用，即大力开发使用“绿色建材”。“绿色”概念在这里已经从狭隘的色彩概念转变为环保和生态意识概念，包含了对防火、防尘、防毒、防虫、防污染以及材料的可降解性和再生性等方面的研究，其目标就是使人类生存方式与大自然长久和谐共处。除了“绿色建材”概念外，“绿色”口号所指的范围也在不断扩大，“吃绿”、“穿绿”、“用绿”、“住绿”、“游绿”，这里提到的“绿”不是指色，而是“识”。

〈3〉　创新设计应反映时代性及体现信息时代的科技发展水平和成就。可反映在造型特征、材料及工艺的运用、科技性能水平的诸多方面，换言之，就是用新的时代技术反映时代精神，利用新的物质技术条件去尽量发挥它们的审美可能性。因为凡历史留下的传统好东西都具有当时的时代性，都是立足于当时的物质技术条件所产生的久经考验的创新精品，并被后人所接受、继承并予发展，才成为传统。

〈4〉　创新设计应具有创造性、体现信息时代的审美意趣和新的审美指向。设计也是一种文化追求，设计师不仅应当反映所服务社会的社会条件及群众意愿，还应当具有前瞻观念及创新意识，使设计产生新的审美指向，运用光、色、材质、肌理和抽象的造型设计要素来塑造空间，产生意境和情趣。意象清新、造型亲切、功能合理、材料无毒害、肌理质朴、细部精良的设计才是受到人们欢迎的创新设计，才会给人们带来新的审美体验和时代进步感，以及成就感。

〈5〉　创新设计应具有高尚的文化品位。是指设计运用图形表现事物所具有的精神品质，设计师从大自然中发现美的规律，运用艺术表现能力通过设计创造出美好的环境为人服务，在满足使用功能的同时，又使人愉悦情怀，陶冶感情，培养健康向上的情操。

〈6〉　创新设计应具有精致的细部设计。它是创新设计中的一个重点，关系到设计质量的高下，有好的细部设计不仅可以提高设计质量，还会具有提神作用和提高品位的作用。没有细部设计的设计则会简陋、粗糙、空洞乏味。

对如何作好细部设计现提供以下几个方面的内容供参考：

①要有对使用者体贴入微的，适当的人体尺度设计。

②要有精巧的界面交接过渡。

③要有视觉上、触觉上都能使人感到亲切友好的材质和新的、恰当的肌理设计。

④选择环境要素中的光、色设计时，要充分考虑人的心理感受及需求。设计师若能综合好形、光、色进行创新设计，则有利于创造新的空间环境形象。

⑤要有精美的造型、图案、装饰设计，可在细部显示人工工艺痕迹，以产生与人的对话。

⑥要有文化品位高雅，具有不同情调、不同趣味的陈设艺术设计。

⑦设计时运用绿色建材概念指导选材：无毒、无害、可降解、可再生、经久耐用。

⑧注意选用新材料和新的工艺技术，结构合理精巧。

总之，设计师匠心运用到相当的深度才能作好细部设计。

以上我从三个大的方面归纳了创新设计的主要内容和目标，这样有利于我们加深对创新设计的理解与认识，那么我们也同时会得出结论：

中国工商银行山东省分行营业大厦

中国工商银行山东省分行营业大厦

珠海宝胜园酒家室内设计

珠海宝胜园酒家室内设计

华能景观设计

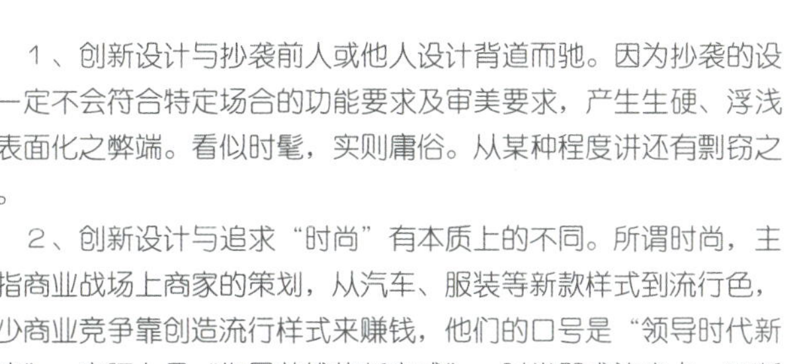

1、创新设计与抄袭前人或他人设计背道而驰。因为抄袭的设计一定不会符合特定场合的功能要求及审美要求，产生生硬、浮浅及表面化之弊端。看似时髦，实则庸俗。从某种程度讲还有剽窃之嫌。

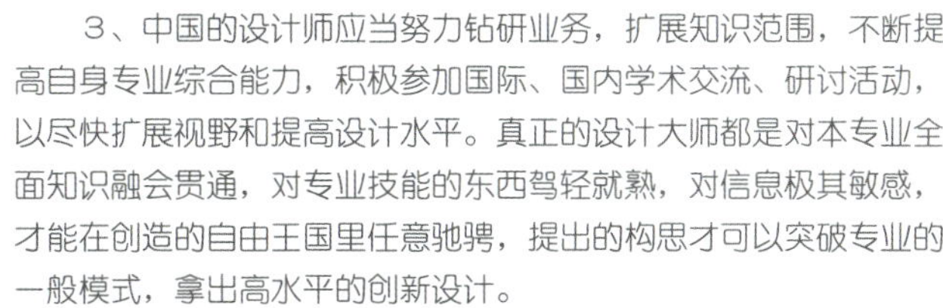

2、创新设计与追求“时尚”有本质上的不同。所谓时尚，主要指商业战场上商家的策划，从汽车、服装等新款样式到流行色，不少商业竞争靠创造流行样式来赚钱，他们的口号是“领导时代新潮流”，实际上是“指导花钱的新方式”，时尚即成为卖点，不断翻新时尚就是不断制造卖点，因为是“钱”字当头，与我们所提的创新设计有本质上的不同。我们不应把追求时尚看成创新设计。

3、中国的设计师应当努力钻研业务，扩展知识范围，不断提高自身专业综合能力，积极参加国际、国内学术交流、研讨活动，以尽快扩展视野和提高设计水平。真正的设计大师都是对本专业全面知识融会贯通，对专业技能的东西驾轻就熟，对信息极其敏感，才能在创造的自由王国里任意驰骋，提出的构思才可以突破专业的一般模式，拿出高水平的创新设计。

中国是个人口大国，国家的建设需要大量的自己民族的优秀设计师，中国的几个大型项目在国际上招标，请国外大师进行设计，但遍布全国的无数个建设项目不可能都请外国人来做。中国设计师应当有志气做好自己的事情。何况，国际设计界也期待着有12亿人口的中国设计水平的提高，期待着一种有着强烈中国地域文化特色的现代设计的出现。这种设计不是照搬西方模式，而是，在可持续发展战略思想指导下，立足于我们自己的物质环境和文化环境，运用当代科技成果的创新设计，中国设计师应当为人类社会的文化发展做出应有贡献。

珠海海天花园景观设计

1 9 9 4 年毕业于重庆建筑大学。

1 9 9 4 年任职于建设部建筑设计院室内所。

1 9 9 8 年攻读清华大学建筑学院工程硕士。

2 0 0 0 年任筑邦公司（建设部建筑设计院室内所）设计一部主任。

张 晔

室内是建筑派生而出的，因建筑的存在而存在，建筑与室内是不能分隔的，建筑设计为室内设计提供条件，室内设计也能够为建筑弥补不足。

室内设计可以改变建筑空间，实现自己的独特个性，也可以通过延续建筑的性格来帮助建筑师完成一个完整统一的建筑作品。这两种方式对我来说都很有吸引力，两种方式的出发点是一致的，那就是从功能捋顺、空间规划的角度入手，建立有秩序的室内空间。

室内设计占第一位的就是空间设计。空间是室内与建筑最基本的联系，也是它们之间最根本的区别。不同的建筑空间，对功能、流线的不同处理，不同客观环境的限制，造就了室内空间的各异性。合理地利用各种条件和限制，就能通过创造、规划空间来塑造出极富个性的室内环境。

建筑结构、设备等都是室内设计良好的利用因素。那些不十分适当的结构处理，不太美观甚至碍事的设备，独特的功能要求，使得室内设计更具挑战性。那些令人头疼的限制经过精心地琢磨改造，产生意想不到的绝妙效果。

空间、材质、光是室内设计的基本因素。其中，空间的尺度，材质的质感，色彩的微妙变化，都将对室内环境的效果和影响力产生决定性影响。而光则是可以强调或弱化空间的尺度和材质的性质。

这三种基本因素的组合过程（即室内设计的过程）是美妙而痛苦的，就像是一种化学反应，不同的色彩、质感的材质，以某种空间组合形式进行反应，光是它们的催化剂。这种反映在设计者心中滋长、重复、变更而产生出风格各异的美妙的室内设计作品，为它带来略带痛苦的快感。这也是我越来越热爱这一职业的原因之一。

对我来说，设计的过程似乎并不单纯是按整体——深化——细节的顺序进行的。相反的，有时细部的设计一开始就是决定设计风格的关键之处。

流年似水，室内设计这一职业对于我就像是一条越来越宽的道路，蜿蜒地伸向远方。我在这条路上走得越远，越感到自己的渺小与无知。而走下去，看到远方的愿望越来越强，越来越热切。我想这也许要用掉一辈子的时间吧。

南开大学泰达学院

外语教学与研究出版社多功能厅

外语教学与研究出版社室内设计

外语教学与研究出版社室内设计

外语教学与研究出版社室内设计

外语教学与研究出版社中庭设计

外语教学与研究出版社室内设计

外语教学与研究出版社室内设计

1970年出生于沈阳。

1996年毕业于中央工艺美术学院环境艺术设计系。

现为建设部建筑设计院室内所建筑师、室内设计师，

北京筑邦建筑装饰工程公司设计三部主任。

中国室内建筑师学会会员。

张 晖

中国远洋集团会议室

中国远洋集团会议室

国家邮政总局大厅

国家邮政总局大厅

国家邮政总局

1970年出生。

1996年毕业于中央工艺美术学院环境艺术系。

1996年设计作品获首届全国室内设计大展佳作奖、新秀奖。

1998年设计作品获全国第二届室内设计大展金奖。

现为清华大学美术学院环境艺术系教师。

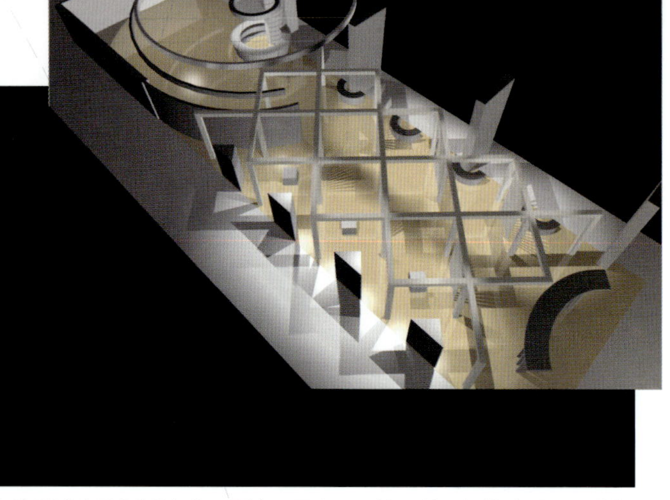

李 岩

当今社会人们呼唤生态、保护环境的渴望越来越强烈，人类探求进步的目光也已经从追求“更快、更大、更远”的目标转向深入研究与重新审视“历史与未来、环境与人类自身，以及科学技术与可持续发展”的主题上来。单纯追求技术革新的时代已经被人们如何借助技术的力量与自然和谐共处的大趋势所代替。环境艺术设计尤为如此，这是在一定程度上“设计未来生活”的特性所决定的。越来越多的设计师已经从注重单纯的空间和形式上的表现向“更可持续、更环保、更人性化、更民族化”的设计理念转化。

在节约资源、利于环保的思想支配下，许多新技术的出现带动了自然资源的高效和节约利用。如2000年汉诺威世界博览会中，各国的设计师们运用现代科技所体现的“人、自然、技术”的主题给人留下深刻的印象，在保护生态、节约资源等方面为我们展现了人类新世纪的景象：瑞士用方木条构成却没有使用任何螺钉和黏接材料，并可拆卸再建的场馆设计提示人们用原始的感知去体会大自然；而日本设计师则用经回收加工的纸料建成了颇具民族特色的“世界上最轻的建筑”。另外，不少发达国家同时在自然能源的开发和利用方面也进行了大量探索，如当今生态空间设计中广泛采用的自然环境通风技术，可尽量减少传统空调制冷系统的使用，从而减少能耗、降低污染，同时有利于人们的生理和心理健康。

总之，如何巧妙地利用自然资源，保护自然生态，不给自然环境带来负面影响，应该成为衡量设计成功与否的重要因素。而人与自然的和谐共处，无疑是一条未来设计之路。

综合楼外观设计

综合楼室内设计

室内环境设计

室内环境设计

室内环境设计

室内环境设计

办公环境室内设计

办公环境室内设计

１９６５年生于安徽。

１９８７年毕业于合肥工业大学建筑系，获学士学位，并先后就职于北京工业设计研究院、寰岛建筑设计事物所。

１９９３年中央工艺美术学院环境艺术设计系研究生毕业，获硕士学位并留校任教。期间曾参与主持了多项大型室内设计工程并获得各类奖项。编著出版《室内空间设计》等。

现为清华大学美术学院环境艺术系讲师。

李朝阳

室内设计的主导意识

环境意识已经成为室内设计的主导意识，未来的室内设计必须是配合其他门类的环境艺术设计整体系统。从这一概念出发，任何一项室内设计都应该关注“环境的整体性”和“人的主体性”。

空间的有形化是以传递实体之间的关系而表现的。从空间限定的概念出发，室内设计的实际意义就是研究空间，研究室内环境中静态实体与动态虚体，以及它们之间关系的有机统一问题。这也是研究形式与空间的重要环节。形式的把握、材质的选择、色彩的搭配、采光的运用，都是以空间和气氛的创造为基础而存在的，均离不开特定的环境和场所的界定。只有有“限定”的设计才可能成为设计中的“唯一”，才可能有所谓风格的显现和特色追求。因此，设计的“定位”问题和对设计尺度的把握始终左右着设计的整体思路，这也是使室内设计从“无序”向“有序”转化的良好途径。

北京公安交通指挥中心控制大厅

北京公安交通指挥中心控制大厅

歌舞厅设计

歌舞厅设计

歌舞厅设计

歌舞厅设计

歌舞厅设计

１９８８年毕业于哈尔滨建筑工程学院建筑系。

１９８８年至１９９１年于哈尔滨建筑工程学院建筑系任教。

１９９１年至１９９３年于中央工艺美院环艺系攻读环境艺术设计硕士并获得学位。

１９９３年至今于中央工艺美术美院环艺系任教。

现任清华大学美术学院环境艺术设计系副主任，兼任北京大学公共艺术工作室设计总监。

１９９３年获平山郁夫奖。

１９９５年获建设部优秀出版物二等奖（合作）。

１９９６年获首届中国室内设计大展金奖（合作）。

１９９８年获第二届室内设计大展铜奖。

２０００年获第三届室内设计大展优秀奖。

２０００年获全国建筑画大展优秀奖。

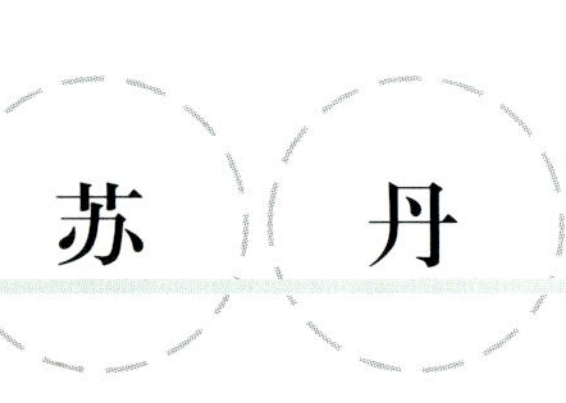

现代社会中空间与存在于我们生活中的其他事物一样，比如：电影、时装、汽车文化、网络等，都是保持人们一种现代生活方式的应用产品。空间设计的行为变得多了起来，数以万计的设计师在不同的层面在为社会、为个人的生活而孜孜不倦地工作着。神庙、纪念碑式的东西少了，而迎合大众口味的东西多了。新的建筑、新的空间类型不断地变换面孔来适应人对视觉乃至精神世界无休止的追求。现代的设计师面对日新月异的观念和技术革命，显得无所适从。他们的设计活动、甚至设计信仰也在发生着巨大变化。开始注重过程而非仅是结果，因为结果受制于多元的时代以及我们存在的社会基础往往不是永恒的。设计活动往往成为他们接触社会，体验生活的一种必需的行为。同时，对于我们国家来讲这也许是一个量变到质变的过程。我们也许要在今后的１０年甚至１５年内继续消费发达国家不断丢弃的快餐文化。作为设计师我们也需要积累和不断地体验、认识。我以为建筑师的成熟年龄段应该在４５岁，而室内设计师应该在４０岁左右。因为设计活动涉及到经济、文化、技术、时尚等各种因素，学会驾驭这种活动并非一朝一夕地苦干能解决的，而必须长期地实践、思考，再实践、再思考。青年设计师肩负着历史的责任，因为他们个人的发展和时代的进步是同步的，他们未来将步入的创作黄金季节，也将是我们空间消费市场的成熟期——一个出精品的时代。同时青年设计师又要面对残酷的现实，市场畸形消费的需求，不规范的设计市场管理，“龙蛇争霸”的竞争格局，以及对自我成长环境的建设。可以说每一个方面都充满了复杂性，同时各方面在发展过程中又充满了矛盾性。当代的青年设计师生活和工作的状态都是极其艰辛的，他们中大多数的人都没有星期天、节假日，每日１２小时以上的工作，甚至废寝忘食。他们比老一代更渴望在经济上和思想上获取成就。设计师不是科学家，蛮干是没有意义的，必须在过程中掌握平衡。比如说在一个项目设计中，你既要在考虑如何节约成本、简化环节、提高设计取费点数的同时，又要对设计的创作投入极大的热情。不能把设计过程完全等同于生产过程，要注意体验与总结。你也要在甲方面前虚张声势的同时又要客观地评价自我。虚张声势拉虎皮扯大旗容易获取信任，而客观公正地自我认识又能使自己保持清醒的头脑。不能武断，因为设计毕竟有技术的成份，形式的创造也有它自身的规律。你还要常常放弃审美规律甚至是真理去迎合业主取悦大众，也要常常勇于牺牲自我意识中的审美情趣和偏爱去面对真实的世界。回顾自己由建筑设计步入室内设计１０年来的坎坷经历，倒认为青年设计师在自我建设和发展的过程中是可以掌握一定的策略的。１０年以前我们要是把这个问题堂而皇之地摆到桌面上来谈，恐怕要为广大同行所耻笑，为众多前辈所谴责。那时设计界倡导的是一种牺牲精神，一种忘我的境界，需要苦难的修行，要有１０年磨一剑般的勇气方能成正果。但毕竟设计师是人不是宗教徒，他们要考虑生存问题，要直面残酷的竞争。所以近年来神话被打破了。设计既然是一种解决“问题”的方式，那么它就应该有更多的包容性，应该涉及阳春白雪，也应顾及下里巴人。我认为有些“技巧”性的东西不妨可以拿到桌面上来探讨一下。在设计过程中有人说追求真理很重要，设计成就是长期不懈探求真理的回报。有人说才气很重要，设计成就是才华横溢的累积。也有人神秘兮兮地说媒体和宣传很重要，它使设计师驾驶汽车在高速公路上以１８０ｋｍ的速度向终点风驰电掣般前进。我觉得每种说法都有道理，不同的人应当有不同的选择，追求真理能使人在自我修养的建设之中保持一种持续不懈的心态。才气是上帝恩赐于你的智慧，是获得成就的必备条件，那么媒体和宣传呢？在信息时代它是获得成就的必备条件，它是可以大做文章的环节，现代人迷信宣传工具，设计师通过这个环节实现其价值。今天的设计师大都意识到了包装自己的重要性。对设计师的包装主要体现在其作品的宣传介绍，以及设计理念的宣扬上。设计作品尤其是已建成的作品，它体现了设计师的综合能力，当然还有机遇的问题。实际上我认为那些停留在纸面上的方案，也是可以大书特书的。以下不妨听我提几点建议，当然仅是我自己的感悟，或许能对那些比我更年轻的设计师的发展有一定作用。

其一，辩证的“有的放矢”是一种策略而非投机，它能使设计师在自身建设和发展上走一条捷径。

现在作品的好坏对设计者的影响是巨大的。在业主选择设计师的年代，业绩是第一位的，然后才是设计师与业主的沟通能力。业绩中的建成作品常常被认为是评价设计师综合能力的标准，其实这种看法带有一定的片面性，但又确实是一种现象。于是得意的人拿作品说话，而失落的人则拿设计方案来辩驳，以示其虽无建树但修养尚存，唯运气欠佳。常常听到设计师抱怨生不逢时，抱怨明珠暗投。我以为评价一个设计方案或建成的作品，评价一个设计师的优劣，还是应该以综合全面的角度入手，从客观、旁观的角度入手。自古以来知识分子阶层孤芳自赏者甚众，设计师这个阶层中追求个性是一种通病。他们往往忽视社会客观的需求，在自身“忘我”的创造状态中迷失了方向，听不到公众的评价，看不到他人的优点。一个设计作品其语义往往是多元的，在不同的层面会得到不同的理解与诠释，就像测试五种人对凡高的《向日葵》的反应，结果却大相径庭。年轻的艺术家说：“凡高的《向日葵》其实蛮有视觉冲击力的。”讲台上的艺术老师深沉地说：“《向日葵》里有一种人格的张力。”大学生说：“瞧人家凡高的《向日葵》够个性。”农民大伯说：“你说这是向日葵吗？不象！”而一个全面的艺术家、资深评论家则会在不同的场合，对《向日葵》做出更为广阔的解释。当然我们不能否定《向日葵》的艺术价值，不能说凡高是万金油式的艺术家，但不同的人对艺术家的期望不同，有的希望他能解决精神问题，有的希望他能解决文化问题，有的则希望他能解决视觉疲软问题。设计师为解决人们生活方式中遇到的问题而存在，固而大众对他们的期待更是这样，不同的境遇中期待设计师给他们做出不同的方案，解决不同的问题。有人也许要问，难道有个性的设计师就无处藏身吗？我认为，我们没有必要去故意扼杀个性，也没有必要去刻意地表露个性，但我们在表达个性之前必须解决好一系列的问题，并且会合理地解释它们，甚至是无意之中的巧合也要有意识地去阐述。

另一方面，由于消费者阶层的不同，我们会遇到完全不同的问题。那么，审时度势的能力就显得极其重要，因为不同的审美，不同的需求，不同的生活方式都会对我们的设计构思和手法乃至表现方式提出要求。必须对症下药。同时为了保护设计师的个性及创作的积极性，我们还要学会有选择地参与设计项目的方法，即选择容易产生共鸣的设计对象，这一点也很重要。不会选择，你的设计就是一种盲目的活动，选择准确你成功的机率就大得多，很容易获得社会的关注以及良好的经济回报。前些天翻阅《读者》发现一文，文中讲述一个久经沙场的军官途径一村落，忽然发现周围的建筑物上有许多粉笔画的靶子，更为惊奇地是每个靶子的中心总有弹孔穿透，军官心想一定是村中有位百发百中的神射手。于是他向村民好奇的询问此事，村民们闻之，不屑一顾地说：“这都是小乔治这个小骗子的鬼把戏，他总是在漫无目的地枪击之后，寻找弹孔。然后在其周围描绘靶圈，以成十环命中之状。”军官听罢，若有所思地离去……。后来，乔治长大以后成了全国有名的赌徒。他的职业是帮人预测比赛结果，方法是给一千人预测主客场胜负，他每次为一半的人预测主队胜，为另一半预测客队胜，其结果总是５０％的准确。依此类推，一直有一部分人总是被他言中比赛结果，于是他变成了赌神。而那个军官呢，受小乔治的启发之后在战略上改变了打法，避实就虚，每次出手必有斩获，人们也将“常胜将军”美称送之。现在我们的设计领域持如此打法者也不在少数。究竟是好事还是坏事，众说纷纭。赞同者曰：“在只认实物（结果）不认人的今天，设计师的作品是最好的广告。”因此，为了获得设计权，你必须在激烈的竞争中采取明智的打法。一方面你要避实就虚，扬长避短；另一方面，你要懂得屈从忍让和迂回，可以违背设计规律和程序去办事，可以见人下菜，因为在中国，人的因素决定一切，它绝对超过了科学规律，也超过了美学法则。设计竞争如战场，每一个设计师都深知成者为王败者贼的道理，凡事出手必要拿下，手段崇高与否是次要的，关键是拿下。几天以前听说主持设计过某某大厦的设计师，在另一个项目中区区几张草图竟席卷数十万美金，而当我看到那些草图时不禁愕然，在商家的招商手册上看到几张涂鸦般的作品，吾不才但此设计作品的表现力和设计含量实在不敢恭维，天文数字般的设计费被拿走却是严酷的事实。这的确令人震惊，也令同样作为设计工作者的我自惭形秽，自叹不如。同时也深深地认识到参与大项目获取大项目的设计权乃中国所有设计师通往成功之巅的天梯，宛若直达玉皇顶的十八盘，在付出人格和光阴的代价之后，天道酬勤，你终于获得了极大的自尊。因为现在的确是一个重结果的时代，令人无法逃避。在设计活动的初级阶段，设计权对设计师来讲首要的意义是生存权，也是获取社会认知和社会关注的途径是获取牛奶和面包的手段。于是设计的过程和结果往往显得不那么高尚，功利主义取代了创作的神圣感和激情。然而设计师们往往会在最终的结果周围绘制靶环，以示其“射术”之精确，给自己戴上炫目的光环。

中国的设计师整理、归纳作品时的精神状态和激情要远远胜过创作时的状态，甚至各行各业生存着一类职业性的“吹鼓手”，他们极尽吹捧、润色之能事，词藻之华丽、态度之恳切令人感动。我不敢自认为品德高尚，觉得大家这么做倒也无可非议，因为中国自古以来就没有认可创意的习惯，也没有设计师的阶层（严格区别于工匠之流者）更谈不上对设计师的尊重。事情运筹的好则是统治者的英明，反之就会招来杀身之祸。时至文明的２１世纪这种陋习尚存，并且看不出很快改变的迹象，我斗胆来问全国的设计工作者，你们大家的创作状态是否真的自在，或曾经自在过。我想在大家当中绝对不乏在自己的创作成果周围绘制光环者，尽管有无意识和有意识之别，这是一个无奈而又必然的过程，令我们每个人都感到痛苦。因为尽管我们志向冲天，使命感也很强烈，却又不得不为“五斗米折腰”，为了获取设计权而折腰，尽管我们知道我们留在墙上的“弹孔”远离心中的目标，但我们依然违心地画着圈以期获得社会的瞩目。２０００年夏天发生的两件事情使我震动很大，其一是第三届室内设计大展，这是全国的装饰、设

永兴花园酒店游泳池

人民大会堂山西厅设计方案

人民大会堂山西厅设计方案

计工作者向社会汇报成果的大会，也是彼此“论剑”的大会，展览陈列了数以千计的作品，但当我步入展厅时却有头晕目眩的感觉，我被众多的风格近似并且表现形式相同的作品包围着，突然间丧失了自信，丧失了评价事物的标准的能力。在这里祖国各地的设计师们借用同样的技术手段，参照着同样的“范本”，表现着同样的风格，也演绎着同样类似的故事，区别仅在于实创空间的不同。之中有实物照片展示，也有排版与制作精良的投标文件展示，还有方案与实景照片并置以表现自己运筹帷幄、成竹在胸的展示。大家临摹着同一种风格——一种伪高技派导致的一种伪技术美，似乎这就是时尚，不这么做你就是一个落伍者一般。我们的专业媒体近年来也不遗余力地宣传这种风格，导致设计市场的一种盲目和趋同，而当你仔细分析就不难发现，大多数的作品存在逻辑和语言上的混乱，功能和形式的严重分裂。那些形式感很强的构件丧失了本来赖以存在的功能性，而单纯蜕变成一种装饰，那些造型丰富的钢、玻璃、云石的结合，在现实中因缺乏强有力的工业生产的技术支持，因而在农民“小米加步枪式”的加工下显得粗陋。我们步入信息时代但我们的社会基础还没有超越工业时代，思想上的多元和手法上的谨慎还将在一段时间内成为设计界的主体，我们的社会基础实在难以容下这排山倒海般的真高技和伪高技的东西。实际上这类设计中的大多数流产了，因为设计师缺乏审时度势的能力，当然也有相当一部分的设计师借助于高技的词藻在投标的阶段获得了业主的青睐，之后又随着业主的态度转变，最终形成一种风格模糊的作品。还有极少数的幸运儿使自己的主张与业主的期待达到了契合，他们就有了继续绘制靶圈的资本，那些失败者中的一些其实也在画圈，只不过层次不同而已，他们追随着社会和市场不成熟的消费需求，抛弃了师长先辈的淳淳教诲和事物发展的客观规律，违心地设计自己不那么情愿接受的东西，对不甚合理的设计结果大肆宣扬、吹捧，仿佛这结果就是自己修炼多年之后的正果，是社会企冀的目标。中国目前的装饰市场大而热闹，却不太成熟，不成熟首先表现在目标的制定上，“形式至上”是全社会的主张，这种表面肤浅和片面的目标使得大家在评价设计时常以形式是否生动、强烈，甚至震撼为标准，以一味地追求材料的高档上升至一味地追求视觉效果，追求个性，张力乃至视觉冲击力等等，而忽略了作品的内在的功能性。这种功能性往往由系统设施和空间的尺度以及空间组合方式来满足，形式应当与它保持一种内在的关联和逻辑关系。但由于这种功能性难以直接地表现于视觉甚至画面，大家为了获取舆论的瞩目就拼命地在形式上做文章，这次大展给人一个感觉即浮夸的东西多，成熟平实的东西少，作品形式上的百家争鸣形成一种视觉污染，使你丧失了判断能力。这种场景令我联想到在中餐馆吃饭的情形，吃饭在中国是一种聚会、联谊社交场合，当然也有进食的功能，因而吃饭的过程往往要争论是非、交流思想，每个人都希望同桌者听到自己的声音，有点口才者甚至希望整个餐厅的人听到自己的主张，因而大家说话声越来越大直到扯着嗓子拼命叫喊，最终的结果是水涨船高，营造了一个极为嘈杂的氛围，最终连自己的努力都被淹没了。原因何在呢？概因我们缺乏理性，又极力想表现自我，追求听觉上的冲击力，结果导致无法控制的局面。从另一个角度来看待绘制靶圈的问题（即结果的自我包装）是不是也需要冷静并在手法上给予推敲呢？我们是否可以在喧闹之中以沉静来表现自己，在表现之中以逻辑推理，以结构的演示来表现自己呢？或许这样结果会更好一些。第三届室内设计大赛给人留下的印象是深刻的启发，它至少给我们提供了一部反面的教材，即简单盲目的绘制个人的光环的做法已经过时，设计师在混乱嘈杂的现实中应当保持一种平常的心态，应尽快超脱于低层次的争风吃醋，人云亦云的境地。

如果说以上所述的事件令人吃惊的话，那么发生在夏天的第二件事情则令人感到愤怒和悲哀。七月里参加一国家重要场所的一处厅堂的设计招标活动，我们以极大的热情投入其中，从整体的构思到细部的推敲，从对传统的深入理解到去伪存真般地不断抽象，我们并未对设计的最终成果做过多的注释和耐心地讲解，因为视觉和空间的艺术应当由视觉的行为去判断才对，人为的润色，牵强附会般的讲解只能表现出设计的无能。而招标的最终结果是我们的努力被评为“脱靶”，而中标的一方以历史画卷简单陈述的设计方式和简陋又杂乱的语言堆砌，竟然以压倒的优势获得成功。地方保护主义和狭隘的地方感情色彩最终战胜了学术研究，更为重要的原因恐怕是该设计活动不过是围绕这一既定的结果画画靶圈而已，他们胜了，他们也许会以各种方式庆贺，因为他们击败了一流的院校和一批真正敬业的艺术家。我们失败了，败的体无完肤，首先我们对社会仅存的一点信心受到了重重的一击，我对此感到悲哀，是我们太缺乏创造力呢，还是我们不了解社会呢，社会需要的结果和我们所期待的蓝图之间竟有如此之大的反差，我们自命清高的同时却丧失了设计权，丧失了向社会展示自身价值的一块砝码。而做为学术带头单位在这种不平等的大型“战役”中的失败，其影响远远要比失去一个自我表演的舞台严重的多，后果是灾难性的，它将使正直的人走向投机和圆滑，使对科学和艺术规律的信仰产生动摇。但是在教学中我仍然勇敢地以此为案例来给学生讲授来分析我们的败因。同时我坚持反对学生在作业的过程中把草图做为一种最终表现形式来绘制和炫耀，我鄙视这类画圈的行为，担心年轻一代的设计师比我们更圆滑和擅长绘制靶圈。

那么画圈究竟是一种机智的表现呢，还是逃跑行为呢？我们是给予赞许还是应该给予批评呢？冷静地考虑这个问题我倒以为可以辩证地看待这个问题。在设计师个人成长的战略规划方面，也许我们大家都应学会以自我为中心来绘制靶圈，因为我们渴望成就，并且应该对我们形成的各种设计结果有所分析、有所总结和归纳，要学会了解市场、洞察社会，要学会选择出手的时机。而在每一个设计过程中我们又要尽量避免画圈，因为这种投机行为在损害他人损害社会的同时也会使自我迷失方向。当然在当前的社会形势下不以成败论英雄是很困难的，因为大众缺乏基本的鉴赏力，他们对设计师的信任往往建立在已落成的作品上。而且项目愈大、愈重要，就越有说服力。一个好的设计师除了具备良好的专业知识以外，还要具有综合素质，包括意志、品质，包括责任心、以及与业主的沟通能力。良好的实际作品的展示，某种程度上也是设计师在展示自己的人格魅力与才华。拥有了设计权就拥有了包装自己的机会，于是绘制靶圈又有了新一层的含义。但我们在为那些光彩照人的空间实景欢呼的同时，也应为那些停留在画面的富于创造力的设计方案，深表赞叹和惋惜。因为我们的社会从经济条件和文化环境来讲都无法包容这许多幻想。更为可叹的是许多设计师不惜以青春和生活为代价，一次又一次无悔地投入这无休无止的“游戏”之中。人生几何，更何况是宝贵的青春。因而广大设计师还是应当从绘制靶圈的事件中受到启发，首要的是应当具有辨别是非的能力，不要做无谓的投入和牺牲。“千里马常有，而伯乐不常有，固虽有名马，常辱于奴隶人之手……。”相马告诉我们一个道理——明珠不要暗投，要善于抓住机会，更要首先识别机会和陷阱。

这些年来本人参加了超过百数的项目设计和方案投标，接触了形形色色的业主，积累了一定的经验。我甚至一直抱有把每次的设计过程记下来，写成一本书的愿望。因为我发现这些过程虽然每每起伏跌荡，但总体上却又极有规律。无数的装饰公司前赴后继的尝试，“踩”出了一条脉络分明的“道”。这条“道”折射着社会的形态与变迁。深谙此“道”的人往往擅于绘制靶圈，也少走弯路。经常有刊物约稿，希望我能将自己的作品展示一下，每到此时，我就会感到一丝悲哀和几分的尴尬。我所主持或参与的方案中大概有４０％左右在投标的过程中夭折了，有５０％的在实施的过程中被更改走样了，而那些落成后的作品也常令人感到不过瘾，甚至感到有点平庸，他们和自己心目中追求的目标相去甚远，因此围绕其画圈于心不忍。但转念一想，恰恰是这些东西以及其古怪地形成过程使我加深了对社会的了解和对生活的体验，能使自己在今后的目标制订上更有智慧、更加精准。同时这过程也使自己完成了原始积累——工作程序的安排，经验及资金的积累。古人云“仓禀实而知礼节”，这句话适用于社会也适用于自己，对于社会来说设施要比形式更为紧迫，对于自己来讲，资金的积累能使一个设计师自然而然地走向终极的目标。从这一角度来考虑问题又意识到其实自己是在无意当中绘制了一个大的靶圈，这个圈的时间跨度可能是１０年、１５年、甚至２０年。“一万年太久，只争朝夕”，我还将要在今后漫长的岁月中继续积累和进取，并且继续画圈。既认真对待每一个设计过程和时机，也要善于认真归纳和分析最终的结果，当然其中不排斥对结果的包装和宣传，以及逆向地推断出自己的预见。我们还要善于围绕实景照片来３Ｄ建模，来绘制草图……也许又有人要发问“作为一名教师你宣扬这种投机取巧、沽名钓誉的方法，不是在误人子弟，不是在犯罪吗？对此我想解释的是首先我是一名好的教师，但在此我不是以一个教师的身份谈论问题的，我是以一名艰难度日同时又有坚定信念的设计师的身份向广大同行们提一点建议，或许能起点作用。说到犯罪我倒想问问大家，难道我们设计师犯过的罪行还少吗？在奢华的场所中，我们浪费了资源，培养了不良的消费习惯，在娱乐场所中我们帮助业主营造了迷幻和诱惑的氛围等等，这不都是犯罪行为吗？所以不要把问题严重化了，还是回到原先的那个话题，要以平常心去考虑这些事情，不要把自己的目标制订的过于崇高了，社会生活需要轻松一点的东西，我们的工作也是一桩一桩的生意，因而也要按价值规律来运作。

我想提的第二点建议是应以“专业批判”的角度来分析和策划我们的设计工作。我们大多数的设计师都受过四年或更多的专业教育，对专业有着浓厚的兴趣和感情，创造不朽的流芳百世名作是每一个人的夙愿。因此执迷专业者往往设计中把纯形式的方面过于夸大，而忽视了技术、观念、市场各方面因素变化所带来的功能关系的改变。当我们设计者对功能的认识落后于市场的需求时，业主和市场对我们的信任与依赖感就大打折扣，设计者与业主对待一个项目的区别在于设计者注重的是专业成就，而业主注重的是全方位的合理及协调，比如资金投入与回收，迎合消费群的审美意识，营造充满人气的空间氛围。相比较而言业主的以上要求更直接贴近项目的本质，而设计者的追求的结果则是带有一定个人的目的。改革开放的早期，各种各样的业主由于历史的原因，他们作为一个群体来看，缺乏起码的专业知识，对外交流的匮乏又使之没有基本的眼光，粗放型的市场令他们无须对各自行业的规律进行深入的研究，因而那时设计者拿出从课本上学来的知识完全可以获取业主的信任，那时候他们对业主的需求和社会的时尚嗤之以鼻是完全可以的，因为老板们很土，社会太落后。于是在设计者与市场对话的第一回合中他们大获全胜。因此，他们满不在乎地认为以自己目前的学识至少可以解决１０到１５年的问题，于是乎“刀枪入库，马放南山”。他们的创作思考变成了一种机械性的重复……，然而市场在无声无息中成熟了，速度之快令人瞠目结舌。过去的土老板变成了今天的新贵族，经济上的成功使他们有更多的对外交流的机会，他们的生活品质也有了极大的提升，残酷激烈的市场竞争使他们谨慎对待商业活动中的每一个环节，他们比设计师更了解设计这一环节与其他环节之间的关系。而此时我们的多数设计师还躺在专业书堆中睡大觉，梦醒时忽觉清风袭来，游戏中的角色已发生了更替，众多业主登上了讲台。新时期的老板

东方凡尔赛娱乐中心餐厅

们大多知书答礼、能言善辩，他们甚至在设计者面前侃侃而谈。更可怕的是他们中有的讲的极为在理，有时令我这个大学教师汗颜。老板们往往从经营的角度出发来推断设计的定位，逻辑性强且富于现实主义精神。他们对设计的理解朴实且细致周到，从空间布局到材料运用娓娓道来，令人称道。设计师在此时就显得十分被动，他们基本上失去了业主的信任感。前些日子在一次由设计师和业主共同举行的研讨会中，一位业主发言中明显流出对现在设计师的不信任，认为设计师没有观念，不可能参与一个项目的全过程，他们缺少生活经验和对社会对市场的基本认识，没有前瞻性的意见，他们仅是一个解决项目发展的某一环节技术问题的专家。可悲可叹，难道我们的舞台真的越来越小了吗。作为设计师我们必须奋起抵抗，但抵抗并不仅是一种情绪和心态，而是一种深刻的反省和切实的行动。反省要从我们的潜意识中对专业的执迷入手，要从全方位的角度去关注一个项目，去策划、培育、解决。方案的推理不能以个人的意志为转移，要理性地去对待和处理个人情趣与社会需求以及使用者需求之间的矛盾。我们不能为了装饰而装饰，为了视觉效果而牺牲使用功能以及经济利益。当我们在营造自己的纪念碑时，我们也将走向坟墓，这并非危言耸听，这个时代的业主们是不再会容忍设计师们拿他们的审美去造自己的纪念碑了。

对于新时期的社会生活来讲，空间在人的活动中的地位也在发生着变化，随着社会事物的日渐增多，空间对我们生活的影响也不再是具有绝对支配性的了，强烈的现代音乐、琳琅满目的商品、日新月异的现代化设施，以及精彩的广告策划等对人的影响，有时已超过了建筑的魅力。建筑空间只是影响人类生活的一个部分，是众多因素之一，它有时是主体，有时是中性，有时则完全退居从属。我们从业多年的设计工作者必须认识到这种变化，而且要接受这种现实，建筑以人为本才不再是一句空话，否则依旧是挂羊头卖狗肉般的游戏。当然，也许有人会站起来反驳我这种背叛和出卖行为，认为我放弃了应有的权利和机会来宣扬我们所谓的空间美学，但实际情况是许多装饰装修精美的商场倒闭了，因为商品价位过高；风格独特的餐厅关门了，因为饭菜口味不佳；新建成的大酒店没有客人入住，因为这里的经营管理以及服务缺乏理念。比比皆是的现实告诉我们，设计师装饰和空间美不是万能的，它是一种载体，应与所载之物和谐适度而不应过分夸大。对于商场来讲，商品的质量、价位，以及服务是本质；对于餐厅来讲，厨师的手艺及饭菜的价格是首要的；而对于酒店来讲，设施齐全完备及服务质量是首要的。我们的设计恰恰从属于这些本质的东西，设计应从根本上去关怀它们，而不应强调自身的形式表现力，有时甚至低调处理要胜过高调处理。

昨天我入住金茂大厦的凯悦酒店，久闻设计如何如何精彩，入住前满心的期待，期待新奇的形式，期待迷幻的空间……，而实际情况并非如此。它比我所期待的要平实的多，却是令人吃惊的。吃惊在于它的前卫的设计理念，以及整体把握的能力。它是凝固的音乐，因为它有序、又有变化。它形式简洁却包容了最新的技术和最优良的品质，物质的力量给你一种舒适。形式上恰到好处地配合产生了美，美是功能与形式的统一。它的美丽和动人之处恰恰在于形式的一种中性处理，而设施的完善和细部无微不至的处理体现了以人为本的设计主旨。这些设施并不张扬，仅在你需要之时，为你提供声、光、热、信息，以及舒适感。功能和形式完美地配合着，令你感到宽松，而并非强硬地将众多的形式推至你的面前。我忽然想到了阿尔托所创造的无形之形，这是一种逆向性的思维，在广告、电影、霓虹灯、爆炸性的新闻、日新月异的交通设施、以及光怪陆离的商品层出不穷的今天，我们的视觉、听觉、思维、被无情的长时间的占用、充斥和剥夺了。就像电影《催眠》中的剧情一样，商业的规律驱使各门类的设计师绞尽脑汁地去以别出心裁的形式争夺大众的注意力，我们生存的空间丰富了，但另一方面我们也筋疲力尽了。而此时设计师逆向性的手法往往能出奇制胜，它宛如绘画中的空白，宛如乐章之间的间歇。当然，低调处理并非不处理或简单处理。减法处理的结果也并非是简陋。一位酒店管理者的话提醒了我，他说顾客看待室内的角度和我们设计师有根本的区别，他们关心质量和功能要远胜于对装饰的关注。而我们全然无视这种消费趋向的结果，就是浪费，就是孤芳自赏，就是缺乏友爱……。

在这里我声明我并非简约主义者，因为简约主义使设计者走向另一个极端。同崇尚加法一样他们崇尚减法。其结果还是一种刻意地表现。事物的形态千变万化，而理性的规律确是趋同的，以此推断，我们不难想象出简约主义泛滥所带来的灾难性后果。简约主义仅是一剂良药，仅是一张好弓，它的使命就是对过度奢华和过度表现的批判。当社会走向成熟，设计界走向成熟时，也就是这张弓收起的时候了。我喜爱自然的东西，喜爱自在的设计状态，认为今天的设计师应当更多抛弃一些自我的东西。自然意味着它不排斥其他任何的风格，只要适应消费者的要求，适应市场发展变化的东西就是合理的。在今天消费者成了上帝，而在当今道德、伦理、生态、责任和精英主义态度古怪组合的文化背景之中，消费者有着一种多重的、分裂的人格。他们的主张多变，趣味捉摸不定，在今天他们也许会选择富丽奢华，而明天也许会变成一位狂热的简约主义者。因而为了避免“失业”，我们也应当是多变的。大多数的设计师应当像一个自动售饮料机一样，具备多样的素质和藏货；以适应“上帝”们多变的口味。那么又会有人要问，如此推理，设计师不也是具有分裂和多重的人格吗？是的，在今天的文化背景下，设计师们或自然或不自然地拥有了多重人格，他们在不同的场合扮演不同的角色，导演着不同的场景，而一切又显得那么自然而然，存在既是合理。现实如此的无情，对那些喜爱标榜自我的设计师来讲真是一面镜子。它真实地反映着社会现实和设计师的工作状态。许多在专业的和理性的分歧中站不住脚的作品，确实出现了浮夸的、语言混乱的、甚至是低级庸俗的，不正是大家的作品吗？但这些作品不一定不受市场和大众的喜欢，欧陆风情的酒店依然生意火爆，奢华的色情场所依然使人留恋忘返，专业的权威性在此显得一文不值。过去我们鄙视香港设计师的设计风格，认为他们的作品过于商业化，缺乏文化品味，缺乏社会责任感，他们是肤浅的代表。然而近年来我与一些香港的设计师进行合作，同时拜读了他们的一系列作品之后深有感触，我们的观念陈旧，而且自视过高，无病呻吟。设计作品不同于电影，也不同于广播，它是生活的载体，是设施，不是说教的工具。完全没有必要把沉重的哲理融入其中，那样会使我们本来就很沉重的心理更加沉重，许多香港的设计师手法多样、灵活，是营造娱乐和休闲气氛的高手。同时他们对功能的把握也超出我们的想象。有的业主评价他们的风格为胎里带，我认为不很恰当，却以为他们成长的背景决定了他们的品位，他们擅于表现生活化的轻松的主题。正如同绘画一样，政治性的呐喊性的题材只会走俏于一个阶段，当社会的许多基本问题解决之后，生活成为了社会和民众的主题，美好的追求才是永恒。所以今天的许多艺术家的表现方式和关注的事物也开始转变，浪漫的、轻松的、自在的东西多了，悲剧性、沉重的东西少了。因为绘画在今天的概念里也在由美术馆艺术走入生活场所，而绝大多数场所中所需要的是一种趣味、意境而非沉重，当绘画走出博物馆、美术馆这些艺术场所时，它的地位也就注定开始发生变化，至少不再是绝对引人注目、发人深省的一种事物了。

以上我谈了我对室内设计的二点认识，似乎很矛盾。前一个观点提倡设计师们要不择手段去包装自己，以自我为中心来组织归纳事物的形成过程的脉络；后一个观点则狠狠地在设计师自尊的皇冠上扔了一个墨水瓶，对设计在规划生活、影响生活的权威性上提出了致命的质疑。其实我想阐述的是一个事物的两个方面，一个是关于设计师面对未来的观念，是战略问题。一个是关于面对中国特色市场的战术问题，关注了宏观也关心了微观。这两个观点既是向大家提出的建议，也是对自己的警示。我希望以人为本的主张，真正扎实地根植于我们的观念中，在设计的过程中以一颗平常心扎扎实实地解决功能问题，而不是表现个人的魅力，一切为了消费者服务，面对不同的机会和场合我们将能游刃有余地去应付功能和形式的问题。同时我们也应该关怀和宽容自己，在这个诱惑多多的时代，提倡苦行僧式的工作方式是毫无价值的，每一个人都渴望成名成家，这是社会进步的原动力，如果否认这点并压制它，那后果是可以想象的。提倡宽容的另一个小原因也是希望大家特别是前辈们对我的观点持一种宽容态度，我希望听到善意的批评与指教，谢谢。

清华大学工字厅

清华大学工字厅

清华大学工字厅

1 9 6 5 年出生于哈尔滨。

1 9 8 9 年毕业于中央工艺美术学院环境艺术设计系并留校任教。

1 9 9 1 年至 1 9 9 3 年公派赴香港思迪展览设计公司从事设计工作。

现为清华大学美术学院环境艺术设计系副教授。

主要从事“商业空间及设施设计”以及“照明系统及光环境设计”的教学工作。

编著有《照明系统设计》及《室内设计资料集》等书。

杜 异

在室内设计这门学科的发展过程中，室内设计始终是以“艺术母体”的形式出现的。所有的视觉艺术如绘画、雕塑器物等，都融成一种合唱一般的整体。它们本身相对独立、互无关系，并且极端个性化，各自诉说着独立的情节。而此时的室内空间就如同一个博物馆，并没有与它所陈列的艺术品紧密相关。甚至空间所需表达出的情感与内涵更多地要借助艺术品的直白叙述。事实上，它们在被分解之后，恰如其分地是一种“艺术品”的拼凑，而在此室内空间将无意义可言。也许只有教堂、神殿、宫殿能够通过空间的体量及格局的变化表现出对上帝、神及权力的敬畏。也许正是这种形式启发了我们，通过不同人类活动的丰富及领域内差异的相互磨合和抵消，争取到了艺术的前进，争取到了对艺术认识上的进步。换句话说，人们应该更容易于抽象的思维和对概念、符号的解析。这意味着我们的设计应该运用艺术创作的方法来进行操作，使更多的艺术形式渗透到室内之中，而室内空间本身即是艺术品而非艺术品的衬托和背景，而室内设计领域的美好前途仍然是与不同艺术门类的相互融合和影响联系在一起的。不同艺术门类间的隔阂必须打破，代之以能够彼此联系的、灵活的、互相借鉴吸收的关系。只有这样，造成艺术门类间疏离的阴霾才会变成有益的甘露，滋润百花生长的沃土。一方面，设计应该从自身及其分支的艺术门类中汲取营养，并不断总结、提炼、升华；另一方面，就是打破门类界线的限制，汲取它艺术中的营养，也就是说将室内设计当作一种艺术形式来进行创作。空间、装饰同样可以叙事，可以传达感情，可以传达灵性。而绘画、雕刻、甚至文学诗歌都不是独立存在，而是空间环境本身。这是创作构思的标准，是创新的肥沃土壤。问题是如何转变方法、角度和思路，使我们可以从一种艺术门类跳到另一门类，去寻找新的潜在的结合点及这种艺术在本艺术门类中的运用和作用。每门艺术保持各自的行话、策略、个性和发展的逻辑，同时通过杂技般的跳跃和转变，通过与其他不同艺术门类的嫁接和联系，开发新的艺术活力。如果人们能够在审美方面互相联系，综合运用各种方法和思想灵感，以达到创新的结果，那么这一点就能够实现。协同效应和确保观念变化是具有杂交性、分散性和描述性的。这是一种综合美的美学，是超越平庸时代的装饰美学，其宗旨就是通过扩大诗性的机会，启发人们重新发现原初的能量，代而迎合普通人的心灵需求，这正是在有形景观中基本的因素发挥作用的地方。虽然这里所设想的特点，这种再发现和结合的特点，从理论上讲是有别于前面提到的传统艺术的结合，而是在各种思想的交错渗透中，在世界范围内的视觉艺术潮流中引进一种新的艺术的设计观。在这种抽象的，不偏不倚的假设中，每个设计者都应具备艺术家、作家的才干。而环境将被当作人类精神和心理的背景。设计将被认为是一种在感知和愉悦方面促进人类安祥和幸福生活的一种必需手段。它是固定的东西，安静，有一定的形态，是产生人类某种行为意识的基本工具，这时室内设计师又会重新赢得艺术家的美誉。

庄子牌皮衣展示洽谈间

庄子牌皮衣展示洽谈间

庄子牌皮衣展示洽谈间

威海大庆酒店多功能厅

威海大庆酒店卡拉ok包间

威海大庆酒店健身房

威海大庆酒店娱乐区服务台

威海大庆酒店卡拉ok包间

威海大庆酒店娱乐区走廊

１９８４年至１９８８年就读于重庆建筑工程学院建筑系。

１９８８年起任职于中国航天建筑设计研究院，从事规划、建筑设计。

１９９４年起任职于中央工艺美院环境艺术研究所，从事室内设计、电脑教学。

１９９８年合办润德建筑装饰设计有限公司，满足专业需求。

１９９９年成立荷月画室，满足业余爱好，意将室内设计进行到底。

何　樾

虚拟现实（VR）在室内设计中的运用

科学技术是第一生产力。每当一项新技术成熟而广泛地运用于某一领域时，该领域就会发生质的飞跃。近年来，电脑效果图在室内设计行业中空间三维表现方面占据了很重要的地位。它使设计师与业主的沟通变得直观顺畅。

一般情况下，对于某一空间（如营业厅）进行设计，通常会以某个角度的电脑效果图来表现构思。极少情况下再多一二个角度来表现，难以全面表达设计构思，观感上也缺乏身临其境之感。虚拟现实（Ｖｉｒｔｕａｌ　Ｒｅａｌｉｔｙ即ＶＲ）可以实现我们全面的愿望。

虚拟现实技术是在电脑中建立三维空间模拟系统，真切表达设计的精巧，身临其境地在所设计的空间中慢步，全方位感受空间形态及组成要素，激发设计师的创作灵感，激动业主真实的感受。虚拟现实技术有如下的特性：

动感空间：室内空间设计并非静止不动而是流动着的，步移景移，需在运动中体味形成室内空间的要素，进而感知空间，领悟设计的匠心及传达的思想内涵。

全息空间：我们可以在任意室内空间的任意一点，球体３６０度观看，十分全面地了解设计的各个部分及每一个细节。我们可以左看，右看、上看、下看、前看、后看、仰视、俯视，全息观察特定空间。任何一个角度，都可以输出一张效果图。

互动空间：无论是设计师，业主或其他任何人均可以自己动手来随意观看所设计的空间，互动交流。而不象电脑效果图的单一，电脑动画的规矩。修改起来也变得直观。

数字空间：在所需的地方实时显示文字说明，如：主要材料加载实时文字信息、材料名称、报价、尺度等。

多媒空间：配音、解说等的媒体手段的综合运用，使我们的表现力再次得到提升，具有强烈的视觉冲击力。

沟通空间：室内设计是设计师、装饰公司、业主、主管部门等各方综合意识行为。在过程中各负其责、有效合作，才能设计成功。ＶＲ技术为这种合作提供了一个非常理想的技术平台，满足各方的需求：设计师充分表达设计主旨；装饰公司展现实力与技术；业主阐述实际需求；管理者的宏观控制；综合组织成有机的成果。

某移动通信营业厅设计(VR)

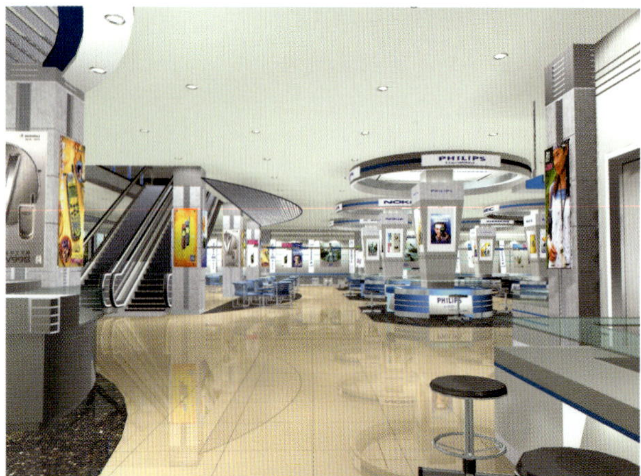

某移动通信营业厅设计(VR)

某移动通信营业厅设计(VR)

1 9 8 2 年毕业于中央工艺美术学院，同年任教于广州美术学院设计系。

1 9 8 4 年参与创办广东省集美设计工程公司，任总经理。

1 9 8 7 年赴美国留学，同年加入美国南加州当代艺术家协会。

1 9 8 9 年至 1 9 9 2 年在加拿大卡加利、温哥华、多伦多等地举办个人展览，创办西尔曼室内设计公司，并加入 K A P S P E A R T G E L L E R Y，A R T E M P O R I U M G E L L E R Y 。

1 9 9 2 年参与创办广州集美组室内设计工程有限公司并任总经理。

1 9 9 9 年任中国第九届全国美术作品展览设计展区评委。

现任广州集美组室内设计工程有限公司总经理。广州环境装饰协会理事，美国 I I D A 国际室内设计师协会会员，广州美术学院客座教授。

林 学 明

涉足室内设计近１８个年头，在这段艰辛曲折的道路上，经历了从模仿到学习，从学习到发展，从发展到思考的几个阶段；无论在哪个时期，摆在设计师面前需要关注的是如何协调设计与自然，设计与人，设计与社会的关系。

中国正处于前所未有的经济发展时期，社会的变化一日千里，新建的大厦楼宇如洪水般迅速覆盖了农田、山川及湖泊，推土机日夜不停地工作，推平了一个又一个的丘陵和青山。许多城市把极有文化历史价值的老城区及生态环境优美的郊野夷为平地，取而代之的是丑陋、拥挤、压迫的高密度高层的住宅大厦和写字楼，从而使城区的人口急剧上升，导致一连串永远无法解决的城市难题。作为一个设计师，心痛。心痛人文环境任人摧残，心痛生态环境任人破坏，心痛自然任人蹂躏。

据说广州有条城市标志性大道，名为“广州大道”，很漂亮，除自行车道外还有单向四车道，两旁绿树成荫，中间是种满鲜花植物的隔离带。但有人称此道为“死亡之道”，道路扩建整容后不到一年，因车祸致死伤者达１５０多人，平均两天就有一起严重的交通事故，其主要原因是设计规划没有考虑到需要足够的过街人行道，由客村立交至洛溪大桥路段近６ｋｍ长的路段，没有一条地下通道或人行天桥，只有４个红绿灯交通路口，不少行人因没法判断自己与斑马线人行道的距离，因而铤而走险横过马路，酿成惨剧。类似这样的设计过失，在城市里数不胜数。城市扮靓固然重要，但忽略了对人的尊重，危害了人的生存权利，城市的治理意义何在?

社会经济发展离不开设计，经济发展推动设计进步，设计又使经济进一步繁荣，使社会发展得以日益完善，日趋秩序井然，生活品质不断提高。设计在当今和未来社会发展中举足轻重，有赖于设计师的积极投入，建立正确的科学观、技术观、艺术观、经济观，树立典范，创造价值，才能促进人类文明的不断完善和提高。

东莞文化广场影剧院

东莞文化广场公共空间

东莞文化广场电影厅

1969年出生于沈阳。

1989年考入中央工艺美术学院环境艺术设计系。

1993年毕业并留校任教，现任清华大学美术学院环境艺术设计工程公司主任设计师。

北京世界金融设计1998年获第二届全国室内设计大展金奖。

国务院外宾接待楼设计（合作）1999年获第九届全国美展艺术设计金奖。

林 洋

十几年间城市经历了其他地方几十年所经历的变化，无数的高楼，无数新的设计，新的理念涌进这个城市，在国外经历了半个世纪的设计风格及流派，同时出现在这座古老的舞台上，并不断的变化和演变。

“将发扬与保护民族文化艺术的活动作为本集团公司内部企业文化的主要内容。”是保利首先向设计师提出的对于保利歌剧院改造工程的设计理念基础，即体现其特有的企业文化气质，是设计定位的关键。所以保利博物馆，保利歌剧院，都是其企业文化的载体，其作用与目的是保利企业文化的主要内容与活动场所。室内装饰设计的基本思想依然是保利企业文化的主要内容，在这个思想的影响下，保利剧院改造工程、保利大堂设计基本风格是以简约的装饰风格与丰富精致的艺术收藏品相互衬托来表达空间所反应的文化、艺术性。保利剧院大堂虽与其酒店共享部分空间，但在立面与光源的处理上面以剧院的空间性质为主，光线明亮，立面整体，分割简单，材料单纯。色彩单一的中性色，主要体现的是材料本身的美感与质感，依靠大面积的肌理对比，来突出主题内容。保利大厦这样有着综合功能要求的建筑中，包含的设计因素和涉及到的学科众多，以往的建筑或室内设计师做完自己的工作就算完成了作法，也已不再适应现今大多数工程的多元化需要，一个空间的完整不光再是满足功能上的需求，而是赋与这个空间灵魂与生命，使人们在活的具有生命的空间内活动，并在空间与人之间形成交流。

保利大厦的空间有多种功能性区域：如既有代表西方文化的歌剧院，也有商业化的酒店、娱乐空间，更有非常本土化的博物馆，它们之间的功能矛盾如何解决；而工程中涉及不同专业的设计领域，这些都成为设计上的难点。在解决这些问题的过程中，作为设计师越来越意识到企业及文化也逐渐为交流文化所替代，任何空间内的任何事物都有表达的需要，在完成设计过程中产生的设计的意识形态，基于更深层意念的设计，强调从感性和理性两方面和人们交流，即要满足心灵，也要满足心智，所以设计形式的交流就不能和以往一样单纯的按书本上的条条框框再加上所谓的艺术灵感来完成。而是每一个空间都有其独特的“问题”，每一个问题的解决方式与办法都是“独特”与“适合的”。每一个问题的解决都需要各专业人士的配合，建筑师、室内设计师、平面设计师、工程师、相关的艺术家等等。从建筑到功能，从环境到艺术氛围，所有这些因素都是不可缺少的。这个由设计师组成的团体使各个方面的因素在一个大的前提下进行积极的交流，从而在根本上更接近于设计的本意。在未来的设计中，由于建筑与室内空间将进入信息时代，网络技术应用无处不在，设计的概念将更加延伸，交流的意义更加重要。

中国现代文学馆展厅

中国现代文学馆展厅

中国现代文学馆展厅

保利大厦酒店大堂

保利大厦酒店游吟诗人酒吧

保利大厦酒店游吟诗人酒吧

保利大厦酒店休息室

保利大厦博物馆

保利大厦博物馆

1982年毕业于中央工艺美术学院，同年任教于广州美术学院工艺系。

1984年参与创办广东省集美设计工程公司，任设计经理。

1986年受聘为广州美术学院环境设计专业讲师。

1989年至1991年赴英国留学，就读于英国曼彻斯特工学院室内设计硕士课程。

1992年加入加拿大西尔曼设计工程公司，同年加入IIDA国际室内设计师协会，成为美国注册室内设计师。

1992年参与创办广州集美组室内设计工程有限公司并任总设计师。

1999年获中国第九届全国美术作品展览设计金奖和铜奖。

现任广州集美组室内设计工程有限公司总设计师，美国IIDA国际室内设计师协会会员，中国工业设计协会会员，广州环境设计协会理事，广州美术学院设计系客座教授。

设计策划

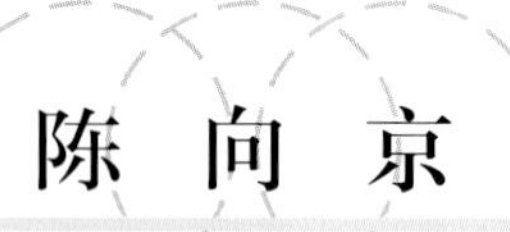

陈向京

设计过程，是一个创造过程，是协调创造物和与创造物相关联的事物、场景、人文、技术等的关系的过程，是一个系统的策划过程。设计的成败，直接取决于该设计的策划系统的完善与否，系统的任何部分的缺隔，都对设计的效果产生深刻的影响。设计策划系统的完善与否，取决于策划人对影响设计的诸条件的把握程度和调度能力，使设计的全过程按策划的进程逐步深入和完善，从而迈向理想的设计实效。

设计师与业主

了解业主（使用者）的需求，实际上是设计策划的最基本的先决条件，只有在全面了解业主所希望获得的使用效果的前提下，才能有效地有的放矢地发挥设计师的独立想象力和个性，使设计切合特定的实际。

设计师与业主之间，不可能没有一定的距离，只要这种距离不是无法逾越的，设计师就应该有责任去正视它，并通过具体的工作去逐渐缩减和消除设计师与业主之间的距离。

每一项设计的策划，都必须充分判断与业主的距离尺度，分析这种距离感产生的正反的影响，正确地引导业主参与其中，使设计者有实效地向理想方向发展。

一项设计的成功与否，很大程度上取决于设计师与业主的合作关系。所以，建立设计师与业主的良性沟通和互动关系，是设计师所应重视的第一个基本环节。

设计师与现场环境

人在改变着环境，环境也在改变着人。设计师的天职或者说设计的目的在于创造环境、创造空间，使人类的生存向更人性、更合理、更适合生态的方向发展。

设计师不应把特定的环境条件视为束缚，而应深入理解环境所涉及的各个层面的关系，如现场环境的人文状况、技术状况，及其周边的关系等等。设计策划应充分考虑到现场环境对设计所产生的影响，设计与现场环境是互为制衡的，只有在把握好现场环境的各种条件的情况下，设计的深入才有依托。任何一个项目的设计，设计策划人都应清晰地了解现场状况，以及设计在特定的现场环境下的可实施性和实效性，以确保设计的整体操控。

如果说与业主的沟通关乎设计的构想和定位的话，现场环境条件则关乎设计的科学性和可行性。

设计创意构想

创意构想是设计过程中最具个性和感性色彩的部分，关系到整项设计的整体效果和特点，是设计的精华所在。当然，具有实效意义的创意构想是建立在对具体项目的使用功能的理解和对设计所涉及的诸因素的充分认识的基础之上的。

如何展开创意构想，特别是以团体力量完成的设计项目的创意构想，是设计策划者最具挑战性的课题，更需要设计策划者把握好设计的整体方向，对设计的重点作出敏锐的和独特的判断，引导创意构想的展开和深化。作为设计策划者，凭着对整体设计效果的理解，在无限的创意闪念中选择出最优的构想，即每一个设计师最具个性特点的创意，通过引导、协调和组合，设计师的设计个性特点获得了升华，设计因此而更趋完善。

设计组织

设计组织的落实和系统条理是设计工作得以顺利进行和完善的基础，设计进程中的中间环节的设立，各中间环节的职责和协调配合、人员的配置、时间计划，每一个环节的调控都应在设计策划时作出正确的计划，并在设计的进程中得到策划者的有效控制。

室内设计较具有团体合作的工作特性，策划者根据不同设计项目的特点，调整和制定该项目的整体设计计划、设计创意，设计技术的协调和合作，以及设计的深化和实施等方面，使设计得以在一种条理规范的组织操控下进行。设计组织的合理和运作的规范，是设计实施的行为基础和保证。

设计深化

设计的创意构想是感性的闪现，是设计的灵性所在，但这种灵性的可实施性则建立在理性的计划之中，对设计最初灵感的理性分析和技术规范层面的深入研考，是设计得以实施的重要一环，所以说设计深化实际上就是设计灵感走向成熟的最后环节。

设计深化过程是为设计的创意构想寻找出实施的具体形式和设计依据，深化过程中最难能可贵的是让创意在理性的指导下获得进一步的发展和完善。反之，这将是一种徒劳无益的工作，甚至是对设计灵性的扼杀。

设计的深化是理性的、技术性的。所以设计者应认识了解特定项目所涉及的各方面的知识。而作为一个设计策划者，则应调动相应的设计技术人才，互相配合，互相渗透，确保设计能按理性的精神得以深化。设计深化过程的技术配合，需要有一批富有经验、有严格技术水平并对创意构想有深入了解的设计人员来完成，这样一支队伍的组织和协调，是一个设计得以成功的最基本和最厚实的基础。

设计效果落实

设计效果的落实，实际上是对设计付之实施过程的把握。一般来说人们认为设计深化后完成施工图纸，设计即以完成。实际上这

长沙神农大酒店餐厅

保利花园会所大堂吧

只是完成了设计的纸上文章。在设计付之实施的过程中，有着方方面面的因素会对设计产生极大的影响，并有可能在最后关头使最有灵性的创意无影无踪，所以对设计效果的把握，成为设计得以圆满实现所必须越过的最后门槛。

设计效果的落实，需要对设计的原创和全过程有深入的理解，需要对设计实施过程的技术有全面掌握，需要对实施过程中所面临和发生的问题有清晰敏锐的判断，还有，最关键的是需要有一种全局的协调把握和调度的能力。

作为设计的策划者，在设计的实施过程中，应最为明晰整个设计中最为闪光的部分，最能把握设计的最终效果，最有能力权衡实施过程中各种因素间的关系，使每一个具体的实施环节能按策划所预期的方向进行，最终使设计获得预期的最佳效果。

湖景酒店客房

湖景酒店客房

银城酒店共享空间

江南世家别墅

江南世家别墅

１９７１年出生于哈尔滨。

１９８９年考入中央工艺美术学院环境艺术设计系。

１９９３年毕业并留校任教，现任清华大学美术学院环境艺术设计系讲师。

１９９８年编著出版《现代室内外设计表现技法》。

１９９９年编著出版《高等学校环境艺术设计专业教学丛书——表现技法》（合作）。

国务院外宾接待楼设计（合作）１９９６年获首届全国室内设计大展金奖。

１９９９年获第九届全国美展艺术设计金奖。

中国国际文化交流中心大堂设计１９９６年获首届全国室内设计大展银奖。

千羽日式餐厅２０００年获第三届全国室内设计大展银奖。

杨 冬 江

室内设计中的艺术表现

室内设计的艺术表现形式是多种多样的，但作为设计者表达设计意图的媒介以及体现设计师情感和整体艺术构思的一种设计语言。透视效果图一直以来被各方面的人士所接受和认可，它具有空间表现力丰富、艺术性强、易于被人们所接受和理解等诸多优点，能够较为真实地在画面中展现设计师预想的空间设计创意方案，因而它当之无愧地成为了室内设计中最佳的表现形式。

建筑和室内设计是时空的艺术，而透视效果图则是将在四维空间上考虑到的空间形式囊括在二维的画面上。它是由准确严谨的透视和高度概括的绘画技巧紧密结合而成的。

人们的审美情趣随着时间的推移在不断地发生变化，任何一种技法由于工具及材料的限制都不能做到十全十美，它们都是既有自己独特的优势，同时也存在着一定的局限性。从最早的水彩渲染到后来的水粉、水色以及喷绘和综合技法，每一种技法都有着自己的辉煌时期。

进入９０年代，计算机绘图开始进入到艺术设计领域，并显示了自身强大的功能优势，对传统的手绘表现图产生了巨大的冲击，而且这种冲击可以说是毁灭性的。首先，它具有其他手绘技法所不能及的功能。它的透视准确，材质表现清晰，更加接近于真实现状。同时，它可以做成动画，更全面、细致地展现设计构思，丰富了渲染图的表现力；其次，在当今的信息社会中，大量的沟通环节都是依靠远距离的通讯设备，及时准确的传递给对方并得到反馈，计算机便具备如此条件，设计师与业主之间只需网络便可沟通信息；再者，电脑效果图与其他技法相比，最大的优点在于便于修改，在已完成的图面基础上可以进行模块、材质、色彩等的再选择与再改造。这既有利于设计师优化设计方案，同时也有助于多角度地展示设计构思，使设计者与业主双方都有陈述自己意见的机会，密切双方的合作，最终作出比较理性的选择。电脑效果图的广泛应用，使室内设计的专业分工更加明确，设计和制作已经完全成为两个概念，设计师们可以专心的去追求设计风格和理念，而不用再去考虑表现上的难题；效果图的制作者或者也可以称作效果图画家们可以在表现技巧上追求效果的高、精、尖。

以上所阐述的是计算机绘图的优点，但也不能说它就是室内设计艺术表现形式最终的发展方向，它自身也存在着一些不足。比如与手绘效果图相比，电脑图就显得比较呆板，艺术性的成分相对少一些。同时，在商品社会的今天，易于修改和保存是电脑绘图最大的优势，但反过来也可以说这正是它所潜在的巨大危机。这种现象在室内设计中表现的最为突出，有时设计师为了追求眼前的既得利益，将一套过去使用过的设计方案经过稍稍的改动就可能出现在空间相似的另一项工程中。因而，如何保证方案的独立性和专有性是电脑绘图面临解决的一个难题，当然这完全取决于设计师自身的素质和职业道德。

中国社会科学院图书馆大堂设计方案

中国社会科学院图书馆读者服务中心设计方案

国务院外宾接待楼四季厅

北京控股有限公司

京润水上花园俱乐部

京润水上花园俱乐部

京润水上花园俱乐部

京润水上花园俱乐部

京润水上花园俱乐部

千羽日式餐厅

千羽日式餐厅

毕业于中央工艺美术学院环境艺术设计系，

现为建设部建筑设计院室内所设计师。

陆 轶 辰

风 格 与 生 活

２０世纪人类在建筑设计方面的成就是空前的，种种风格、流派、理论可谓应接不暇，但是经过历史的冲刷过滤后，大都“昙花一现，反覆不断，盘根错节”（吴良镛《建筑的未来》）。这几年的经历让我觉得，讨论所谓的“主义”和“风格”，往往会让人倒胃，因为大部分的“主义”、“风格”好像都变成了高级宴会上的佐料，只能用来调节衰退的饮食功能。在设计观念上，倒是我母亲的一句话让我记忆良深。那是我在为自己的新家做设计的时候我母亲说的：“只要好用就行了。”

“好用”，为什么记忆良深?

原因很简单，它能让我感到一种确定的态度。不需要你的设计永恒不变，需要的只是从此时此刻的生活中去表述设计，用不着吃力地搬种夏天的繁枝来遮盖晚秋的云天，什么季节观什么景，什么时令赏什么花，这才完整和自然。

“好用”，这话对每个人来说都是含义不同的。从表面上看是每个人对设计的要求不同，更深层次的原因是每个人对生活的体验和理解的不同，导致了人们生活方式、格调的千差万别。

所以说，设计师要设计一个“好用”的设计作品来，就应该先找到一种语言，一种可以把设计师的笔和服务对象（每一个具体的“人”）的内心世界联系起来的语言。

那么，这种语言究竟是什么呢?是光、形、色、质吗?是空间构成吗?是传统符号或“风格”、“理论”吗?

一束光线渗入院中，在洁白的内院壁体上投下深深的阴影。阴影中，一朵野蔷薇被微风吹得颤动起来……，其动人之处，并不在于它呈现的每个具体的事物，而是在于这些事物背后隐藏的生活体验上，人们可以感知到日、月、大地的运动和气候的变化，并体验到这决不是一个普通的庭院，而是有一种更深层次的情感触动，于是光、形、色、质产生了戏剧性的效果。

空间不提供理论，只提供人们生活的情景；光、形、色、质只是设计的手段，其本身并不足以感动人，只是借以寄托深远的意义以其达到内心的共鸣。只有让服务对象通过空间、材料、色彩、线条等等，读懂了设计师的体贴与关爱，领悟了设计师的用心良苦，方能震撼他们的心灵。所以说，设计师与服务对象对话唯一共同的语言就是——隐藏在纷繁的形式风格后面的真正能感动人内心世界的生活的语言。

是否可以这样说，设计的真正内涵——生活，是超越理论和主义的，它的最终表现形式是一个人与无数陌生人之间的关系，因此最大的设计课堂常常在人生中，街市间。一个真正成熟的设计师应该有着相当深厚的生活底蕴，这是因为没有经过岁月磨炼的人往往不能读懂生活，而不理解生活的人又怎么能帮别人设计好生活呢?

明瑛广场景观设计

天津开发区某大厦大堂

天津保税区商务中心大堂

天津保税区商务中心大堂

天津保税区商务中心阳光中庭

北京电力调度中心走廊

北京电力调度中心中庭

中国室内设计的现状与展望

1982年毕业于中央工艺美术学院并留校任教。

1986年至1987年赴美国纽约室内设计学院进修。

现任清华大学美术学院环境艺术设计系主任、教授。

中国室内建筑师学会理事。

中国工业设计协会室内设计学术委员会理事。

作品曾获第九届全国美术作品展览艺术设计金奖。

编著出版《室内设计资料集》、《家用室内设计大全》、《室内表现图实用技法》、《室内设计程序》等多部专著。

郑曙旸

中国室内设计正处在行业成熟期的前夜。从20世纪50年代我国在高等院校建立了第一个室内设计专业，到90年代行业的高速发展，我们的室内设计走过了近50年的坎坷历程。在即将跨过21世纪门槛的今天，正确分析行业现状显然对于未来的发展具有重要的意义。

装饰与空间

室内设计自从20世纪的60至70年代成为一个相对独立的专业以来，在专业的发展上始终存在着“装饰”与“空间”的方向问题，处于社会文化层面的一般认识：建筑是营造空间的行业，室内是装饰装修的行业。“装饰”在中国成为室内设计行业代名词的现实，本身就具有很强的国情特点。中国建筑装饰协会和中国室内装饰协会目前所做的主要工作，实际上都是室内设计的内容，两者又都以“装饰”作为自己行业的冠名，本身就说明了对于室内设计行业认识水平的现状。装饰是一个较为广义的概念，可以对应各类物化的实体，并不为建筑与室内所专有。而室内设计所包含的空间环境、装修构造、陈设装饰设计具有丰富的内容，并不是装饰这个词所能完全涵盖的。建筑界面装饰等于室内设计的认识水平，直接影响到整个行业的发展。

从整个人类的营造历史来看，室内装饰的历史甚至早于建筑。岩壁上的绘画是人类栖身于洞穴时的室内装饰；座立于地面的彩绘陶罐成为最初建筑样式人字形护棚穴居的装饰器物。石构造建筑以墙体作为装饰的载体，从而发展出西方建筑以柱式与拱券为基础要素的装饰体系；木构造建筑以框架作为装饰的载体，从而发展出了东方建筑以梁架变化为内容的装饰体系，形成了天花藻井、隔扇、罩、架、格等特殊的装饰构件。发端于19世纪后期的现代主义建筑思潮，是建立在理性的功能主义之上的。钢筋混凝土框架结构和玻璃的大量使用，为室内空间争得了发展的更大自由，空间的流动在技术上变成了可能。这是人类建筑史上的一次革命，它促进了现代室内设计的诞生。而恰在此时，依附于建筑内外墙面的装饰被减到了最少，而代之以从室内环境整体出发的装饰概念。在现代建筑的国际式室内设计中，装饰的效果是通过运用简洁的造型和材料纹理，在布置手法上注重各种器物之间的统一和谐，创造平静惬意的整体室内环境气氛来实现的。

我们今天所讲的室内设计显然属于综合艺术设计的范畴，它的艺术表现形式既不同于音乐一类的时间艺术，也不同于绘画一类的空间艺术。而是融合时间艺术与空间艺术的表现形式为一体的四维空间综合艺术。通俗地说这种艺术表现形式就是房间内部总体的艺术氛围。如同一滴墨水在一杯清水中四散直至最后将整杯水染成蓝色，如同一瓶打开盖子香水的浓郁气息在密闭的房间中四溢。具体地说室内空间的艺术表现要靠界面（地面、墙面、顶棚）装修和物品陈设的综合效果来体现，在这里界面等同于舞台，物品等同于演员，二者之间相辅相成，相得益彰。

在室内设计中空间实体主要是建筑的界面，界面的效果是人在空间的流动中形成的不同视觉观感，因此界面的艺术表现是以个体人的主观时间延续来实现的。人在这种时间顺序中，不断地感受到建筑空间实体与虚形在造型、色彩、样式、尺度、比例等多方面信息的刺激，从而产生不同的空间体验。人在行动中连续变换视点和角度，这种在时间上的延续移位就给传统的三度空间增添了新的度量，于是时间在这里成为第四度空间，正是人的行动赋予了第四度空间以完全的实在性。

由于历史、社会、教育种种因素的制约与影响，目前相当多的室内工程项目是在传统的平面艺术创造概念指导下完成的。简单地说这是一种二维空间的艺术表现形式，即重视空间界面的装饰，而忽视空间整体艺术氛围的创造。其直接后果是盲目的材料高档化与界面繁杂的材料堆砌，造成“装修”代替“设计”的现状。在这里装修显然是装饰的概念。值得欣慰的是一批年轻的室内设计师已经开始逐步成熟，中国室内设计学会的年度设计一等奖“春兰展览馆室内设计”显然就是在四维空间概念指导下完成的优秀作品。它的出现使我们看到了中国室内设计新世纪的希望。

市场与规范

室内设计行业的发展必须靠市场作为动力才能运行，与这个行业相关的市场，涉及材料、工程施工、设计三个大的方面。20年来这三个方面的市场发展是极不平衡的。其中发展最快种类最全的数材料市场；相对成熟定位趋稳的是工程施工市场；只有设计市场还在步履艰难的初期阶段。

在改革开放室内设计大发展的初期，困扰业者最大的问题就是“巧妇难为无米之炊”。不要说新型装饰材料，就是一般建筑材料的供给也十分紧张。由于建国后特定的历史与社会环境，我们既没有自己的装饰材料生产体系，也不可能或不需要进口此类材料。许多新型的材料不要说用，连见都没有见过。当时的设计者对材料的奢望只是在梦中实现。今天这种材料供应商踏破门槛的盛况是想也不敢想的。在经过20年的发展之后，现在我们面对的是一个相对完备的装饰材料市场，这个市场由进口合资与国内开发两个部分组成，已经能够满足室内设计各方面的需求。

室内设计装饰工程施工市场的建立得益于建设的飞速发展，在

国务院外宾接待楼第一接见厅设计方案

国务院外宾接待楼第一接见厅

初期我们只有建筑施工的概念，而缺乏室内施工精装修的概念，工具落后施工水平低。广东、深圳受靠近港澳的地理优势的影响，和特区所具备的开放政策环境，最先开始发展了室内装饰的工程施工市场。一大批年轻的专业技术工人在实践中迅速成长，一个个专业装饰公司相继成立。这股风在短短数年中由南向北迅疾席卷全国，形成了今天分属于建设口和轻工口的两大装饰工程施工队伍。相对廉价的国内劳务市场和国家的政策性保护，几乎使所有境外投资设计建造的各类建筑高档室内装修施工都被国内公司承揽。高质量的技术要求逼迫我们向世界一流的施工水平看齐。于是在很短的时间内有一大批工人掌握了目前最先进的技术。加上原有的各类工种以及不同档次的公司，形成了国内高、中、低三个层次的装饰工程施工市场。

与前两类市场蓬勃发展形成鲜明对比的是设计市场。由于知识产权概念的淡漠，以及长期以来在人们思想中对脑力劳动价值的漠视，目前的室内设计市场极不规范，甚至可以说尚未建立。虽然经过这些年来各类学校的培养，已有了一支数量可观的设计师队伍。每年的出图量难以数计，甚至能有一个工程的透视效果图堆满几个房间的现象。设计者非但拿不到应有的报酬，还要忍受所谓“免费设计”的盘剥。加之招投标的不规范，不少装饰公司在工程前期的设计投入十分巨大。由于不是统一设计方案的施工竞标很难形成公平竞争。因此将设计从施工市场中彻底剥离，以形成与建筑设计同样的室内设计市场，才能从根本上改变目前这种无序的状况。

设计与施工

室内设计是建立在四维时空概念基础上的艺术设计门类，从属于环境艺术设计的范畴，作为现代艺术设计综合门类其包含的内容远远超出了传统的概念。按照今天的理解室内设计是为人类建立生活环境的综合艺术和科学，它是建筑设计密不可分的组成部分，是一门涵盖面极广的专业。室内设计由三大系统构成，这就是空间环境设计系统；装修设计系统；室内陈设设计系统。空间环境设计包括两个方面的内容，即空间视觉形象设计和空间环境系统设计。装修设计则是指采用不同材料，依照一定的比例尺度，对内部空间界面构件进行的封装设计。装饰陈设设计也包括两个方面的内容，对已装修的界面进行装饰设计和用活动物品进行的陈设设计。

由于室内设计是一个相对复杂的设计系统，本身具有科学、艺术、功能、审美等多元化要素。在理论体系与设计实践中涉及到相当多的技术与艺术门类，因此在具体的设计运作过程中必须遵循严格的科学程序。这种设计上的科学程序，在广义上是指从设计概念构思到工程实施完成全过程中接触到的所有内容安排；在狭义上仅限于设计师将头脑中的想法落实为工程图纸过程的内容安排。室内设计的精髓在于空间总体艺术氛围的塑造。由于这种塑造过程的多向量化，使得室内设计的整个设计过程呈现出各种设计要素多层次穿插交织的特点。从概念到方案，从方案到施工，从平面到空间，再从装修到陈设，每一个环节都要接触到不同专业的内容，只要将这些内容高度地统一，才能在空间中完成一个符合功能与审美的设计。协调各种矛盾成为室内设计最基本的行业特点。因此遵循科学的设计程序就成为室内设计项目成功的一个重要因素。

综上所述，我们不难看出室内设计系统的复杂性。然而从整个社会层面来讲，并不是所有人都明白室内设计的本质，尤其是决策层。在专业的层面目前还停留在装修的概念，于是以施工代设计成为主流。认识的肤浅导致设计的浅薄。很多项目留给设计师的时间少得可怜，进入施工图阶段的设计深度远远不够。大量的问题留给了施工，从而又造成施工重于设计的假象。从专业的角度而言，设计与施工是互为因果的两个方面。在一个工程项目中设计是基础，始终处于第一位。通过施工，设计的成果最终物化。施工是设计的

北京国际会议中心门厅

北京国际会议中心门厅

北京国际会议中心门厅

检验过程，合理的设计必定能通过施工的检验。因此，设计与施工是相互制约的。没有设计的施工是盲目的，很难达到理想的效果。没有施工的设计永远只能是纸面的方案。设计图纸是工程项目的法律文件，任何更改必须经过设计者。这些看起来很简单的道理，在我们目前的不少项目中却难以做到。可以说只有在设计成为行业的主流方面时，中国的室内设计水平才能真正提高。

人才与教育

无疑中国的装饰业还要继续向前发展，能否在现有的基础上再迈几个台阶，关键在于抓住设计这个龙头。随着全民文化素质的不断提高，国家法律的日趋完善和人民经济条件的不断改观。室内设计市场必将最终建立，到了那一天不是业主要不要设计找不找设计师，而是设计师能不能真正满足业主要求的问题。从现状来看设计师的综合素质普遍偏低。因此，提高室内设计的水平首先应从设计师本身的业务水平抓起。

说到设计师首先想到的是人才的教育与培养。由于历史原因我们现在５５０万从业的室内设计人员中仅有２０万经过各类专业学校的培训，而达到大学本科以上水平的则只能以万计。这样一个数量显然与我们庞大的市场形成强烈的反差。显然仅依靠按部就班的正规教育系统在短期内是很难完成如此艰巨任务的。需要调动各方面的积极性，举办各种类型的专业培训班。同时在行业内部加强工程项目的交流评审活动，从中汲取设计的营养，使现有的设计人员不断提高自身的专业素质。只有自身素质的提高才能在纷繁的设计活动中做到自尊、自信、自爱、自强。最终得到社会的承认。

人才的培养能否达到预期目标，师资水平成为了制约的瓶颈。在国家的整个教育系统中，设计教育还是一个相当薄弱的环节。设计教育者必须具备坚实的专业基础知识，同时还要有丰富的设计实践经验，本身就可以成为合格的设计师。但是优秀的设计师未必能够成为成功的教育者，这是教育行业本身的职业特点所决定的。室内设计行业的特点又加剧了师资培养的难度，这种难度表现于施教者能否将理论与实践高度统一，并将其完整地传授给受教育者。在美国既有室内设计学会，同时还有室内设计教育学会。教育学会所交流与管理的主要是专业知识传授的学术问题。显然我们在这个领域还有相当的差距。可以这样说，专业教育的水平上去了，设计师的水平自然也就提高了。

在提高设计师水平的同时，必须适时在行业统一管理的基础上完善室内设计师的资格认证机制。通过一定的考核手段建立注册室内设计师的职称评审体系，从社会的角度确立设计师应有的地位，改变目前室内设计师无所依从的尴尬境地。由于目前行业管理分属两个系统，这项工作的开展具有一定的难度。不妨先在各自的权限范围内作协会内部的设计师资格认证评估，待工作有了一定的基础后，再选择合适的时机推向全行业。可喜的是这项工作已经得到有关政府部门的理解与支持，正在紧锣密鼓的运作之中。

我们正站在２１世纪的门槛上，可持续发展是整个世界在新世纪面对的重大课题，在生态环境日益恶化的今天，绿色设计已成为我们唯一的选择。虽然绿色设计必须依靠高技术的支持，实现生态建筑也还有相当长的路要走。但至少可以先改变行业的从业观念，首先确立节能环保的设计概念，做到不滥用材料过度装修。尽可能采用环保装饰材料，优化施工程序，最大限度避免资源的浪费。只有观念的转变才能使我们少走弯路，使中国的室内设计行业在新的世纪沿着健康的道路发展。

山东银工大厦多功能厅

敦煌宾馆大堂

敦煌宾馆大堂

中国远洋运输总公司办公楼多功能厅

１９６８年出生于浙江省。

１９９２年毕业于中国美术学院环境艺术系并留校任教至今。

１９９８年成立合艺环境艺术设计有限公司。

邵 健

该项目位于杭州市中心，是由浙江省外经贸厅投资，集五星级酒店、商业、办公为一体，总建筑面积达５万多平方米的大型综合性建筑。

酒店大堂是一个三层高的带回廊的空间，业主希望获得一个体现浙江经贸发展历史，展现浙江新形象的空间，而设计师则更希望获得一个现代国际化商务酒店的形象。设计是从选择良好色泽和质感的石材背景开始的。为此，寻找了大量世界各地的石材，最终采用了法国“洛金玛石”（Bretigny Roche Perle），一种无光的细纹砂石作为墙面的主石材，创造了一个纯净的色彩背景，能突显建筑物的空间美。浙江素称“鱼米之乡、丝茶之府、文化之邦”，设计通过采用现代材料、工艺，揉入地方文化气韵来表达时代特色和地域特征的共生。室内设计的符号和元素是通过对浙江传统文化的考量，将含有“良渚文化”精髓的玉琮造型运用于大堂空间。室内艺术品的题材包含三个方面：１、反映浙江经贸历史发展的，以海上丝绸之路为题材的大堂背景石雕和艺术玻璃墙；２、体现民俗文化、古城历史的“清明上河图”总台背景描金石雕；３、富有吉祥寓意的现代抽象壁挂“吉结”。

在整个设计过程中设计师将室内空间的每一个元素，包括家具、地毯、装饰品，都进行仔细推敲、反复比较，然后将其置于整个大空间中进行分析，力求创造出和谐精致、高贵典雅的商务酒店气氛。

浙江国际大酒店大堂

浙江国际大酒店

绍兴市市民广场地下商城都会食坊

绍兴市市民广场地下商城传统特色街

绍兴市市民广场地下商城水族馆

绍兴市市民广场地下商城入口

绍兴市市民广场地下商城入口内庭

绍兴市市民广场地下商城入口内庭

１９６９年出生于北京。

１９９３年毕业于中央工艺美术学院环境艺术设计系。

１９９３年至１９９７年任国家旅游局港旅建筑装饰工程有限公司设计师。

１９９７年至今为自由设计师。

贺 征

个性化的设计与设计师的修养

随着人民生活水平的日益提高，室内装修已经逐步进入百姓家庭。在人们的生活质量提高的同时，对居住环境的要求也越来越高。在这种情况下，家居设计日益受到重视。在大学毕业后，我便开始逐步进入到了家居设计当中，接触了大量的户型和设计实例。在大量的设计实践当中，我意识到具有个性化的设计与设计师的修养密切相关。设计分几个重要阶段，如设计思路的酝酿、设计思想的体现以及设计观念的实施等等，它需要与众不同的思路，但又需符合大众的审美标准，在其中还有设计师提升普通百姓理念的部分。

一个家居空间区域的划分、功能的使用、以及色彩的运用，它与住户的兴趣、色彩爱好、以及个人选择相关联。而室内饰物的配套，又与主人长期对物的喜爱、关注，以及积累有关。我着重从一个时期以来自己注重、关爱的明式家具入手，将古典家具与传统文化的意味引入家装行业与家装观念中去。

明式家具的线条与它持久不变的造型魅力，将爱好者的精神与曾经多姿多彩的时代联系在一起。它的明媚与柔和，它的含蓄与耐久，它的持重与永恒，都会引发人们的翩翩联想与惆怅。它让我们为之赞叹与流连，它让我们与它一同沉浮与起伏。此外，明式家具与现代设计的语言之间也有着共同之处。它的大方与明了、简洁与朴素、直接与自然，将现代语言也囊括进去，也将一种古典的语言运用到极致。在设计中，我运用明式家具的简洁、明了，以及材质的优良，对比现代家居空间的空阔、大度与包容，将两种不同的观念统一到一个实体空间中去。在现代家居的语言运用中打破了一贯的语言重复与累赘的运用，而将后现代的设计语言用在我的设计方案中，比如：破裂与整齐的对比、粗糙与细腻的对比、曲线与错落有致的线条的对比等等，将多种不同形式的语言集合在一个空间中，使它们和谐一致地产生共鸣，从而产生一种独特的效果，以区别于其他设计师的语言运用。

此外，怀旧的调子也将现代社会中人们奔波、劳碌与疲惫的心态进行调整。一束鲜花、一株植物、甚至一捆枯萎的干草也会引发人们悠悠怀古的情调。如果家居中有着如家具、饰物等等的配套陈设，与这样的情调相默契，就会产生一种浓浓的氛围。气氛与实物的陈设之间、设计与语言的运用之间、思想与实体的实现之间都存在距离。在这个过程中，将自己最初朦胧的概念借用不同的载体来运用、实现与展露的时候，就真正地实现了自己的一种主张，也借由一种语言实现了自己的一种人生理想。

设计是体现一个设计师的修养、素质与超人的理解力之间的一座桥梁，也是一个沟通客户与抽象语言之间的一种通道，更是一个关怀自己人生甚至人类命运的一种最佳方式。它不是简单的理想，也不是一种口号，它是默默渗透人的心灵的“春雨”。当然，是否能够实施自己的理想，还需设计师与相关领域的人士相互配合、协调，最终实现自己的设计思想将要达到的效果。

居室设计

居室设计

居室设计

居室设计

居室设计

居室设计

1986年毕业于广州美术学院，获文学学士学位，并受聘于广州美术学院设计系任助教，同时任广东省集美设计工程公司设计师。

1991年任广东省集美设计工程公司经理，受聘于广州美术学院设计系任讲师。

1992年参与创办广州集美组室内设计工程有限公司并任副总经理。

1999年获中国第九届全国美术作品展览设计金奖和铜奖。

天誉花园走廊

中华广场

中华广场局部

1992年毕业于中央工艺美术学院环境艺术设计系，

获学士学位并留校。

现为清华大学美术学院环艺所主任设计师。

徐雷

个性——艺术的指纹

几番草图的讨论所得出的结果有时也往往不是最佳的一个方案；长官意志的不可违；水、暖、电等技术上的问题也同样可使你无可奈何。所以在诸多问题被你费力克服之后，对原有的一个好设想也已然失去了半数兴趣，而只想草草了事罢了。设计师对我来说是一个快乐亦痛苦的职业。

个性的追求是我的目标。

现代的、后现代的、古典的、现代古典的……等等，风格犹如时装般在一个时期内抓住了在意识上认同的消费者；而个性化会在那些意志坚强、不易被征服的人中体现。

室内设计师与艺术品的作者在许多方面都是相通的，即艺术品是由大众新材料制作而成，并因而与不可避免的复制有关；那么很显然，艺术家必须考虑到这样一个矛盾的事实，即艺术的目前状况不可避免地涉及到鉴别和作者精神投入这一观念问题。

这种机制所启示的乃是当前创作方法的另一方面，这种方法完全是通过艺术品的形而上体系来展示自身。它同时又表现为一种形而上的眼光，即格外关注自身意图、精神等状态的升华情况，而直至其产生观赏者的认同感。

从这个意义上说，空间就远不只是观赏者对于艺术品完全无所事事地虚构的“神话”面前虚掷光阴时所感到的良心自责或安慰，它是四维的，它所展示的是一种对社会——文化现实的阐释，那么这种空间的真实存在取决于环绕着它的社会诸多结构。

而矫饰主义者的模仿竟变成了结果而无过程，犹如“克隆”般毫无本体可言。对艺术的创作以及空间设计的分析和整合势态，需要通过其各阶段的进程来得以揭示。这种揭示存活于诸多社会、历史、文化等因素的剖释之中。

在这种语境当中，设计者竭尽最大可能，令其发展告别孤芳自赏的“创造”，通过对方法的精心琢磨，来让观赏者达到与其一致的精神状态。这种方法在概念上对于作品形式的刻意安排是极其挑剔而痛苦的。

这种个性的作品，并不是向人们说明作品的如何重要，它更注重的是将自己的语言用作更改现实的工具，同时揭示出它所衍生出的学习机制，包括那些和文化附加值可能相联系产生的机制。

画布、木块、石材等等只不过是各种艺气形成的载体，个性的追求也可以是一件象征性的、而有可能是不被辨认的有所具体形象的作品。

个性——艺术的指纹。

联合战役后勤指挥部

联合战役后勤指挥部

联合战役后勤指挥部

宁夏回族自治区政府办公大楼室内设计

会议室设计

宁夏回族自治区政府办公大楼室内设计

毕业于中央工艺美术学院环境艺术设计系，获学士学位。

现为北京市建筑设计研究院金厦艺林装饰装修有限公司

助理建筑师、室内设计师。

高 淼

“艺术的实践应该是在贫民窟中完成，或者更确切地说，在阁楼上。”——这是菲利浦·约翰逊曾说过的话。毕业于艺术设计院校的我，在探究艺术与设计（建筑室内设计）的过程中，对于“灵感”二字的来源而深有感触：通过学习掌握的设计学并不比通过学习得到的乐感或绘画灵感来的多。对于艺术、对于设计不应该只是空谈，而应该是实践。同时我们必须用言语来让人们领会自己的意思，丰富自我的设计语言，亦让一个作品更加完美的展现于世人的面前。对于建筑的室内设计，我总是可以从诸多优秀的建筑设计中找到灵感，而吸引我的就是那种近乎于完美的空间。

室内设计的空间现阶段虽然在一定程度上受到了建筑空间的一部分影响，但亦不失于其本质上的东西。我们可以任我们的思想巡游于这空间之中，体味着实用、漂亮、舒适、结构等建筑学上的理论，而后回到作为一个人容于建筑、之于建筑的最深切的体验，去完善、设计每一个作品，把握着每一个空间。实用、注重功能是设计建筑（室内）空间的基本要素。功能需求的满足，我们可以认为其设计是基本合理的。但功能并不是唯一的，换种说法，一幢建筑物、丰富的室内空间，仅仅是有用并不足够。今日的厨房需要合理的备餐台，不管是不是专业的室内设计师，人们都希望他们会将厨房放在合理的位置，它误导着我们的思维。我们都曾被这样的准则所教导，如：衣橱必须靠近房屋的正门，房间之间的通风是必须的，等等。而另一种理论——漂亮，虽然近乎于消失，但他仍旧出现于我们的身边，我们之中的一些人非常欣赏让作品看上去漂亮的计划，诸如：在对一个室内空间的设计中，我们总是在画表现效果图时，将一些在方案设计之外的主观的思想，因为图面的效果加之进去。同时可以给我这样一种错觉：在画漂亮的空间表现图时也是在设计空间，但是从本质上讲，空间是由人们拼装建造出来的，人们在其中行走、感受。这远比画一幅漂亮的表现图要困难得多。这一点还是要回到建筑室内最根本的服务对象——人，这上面来。图画是我们从一个视角出发感知的，而一个设计作品的空间，往往要求人们从多个视角、多个方面去体会，诸如：色彩、质感、光等等。最重要的是人穿梭于空间之中，使之变幻的感受。

我醉心于在空间穿梭之中的感受：抬头仰望每一个角落，伸手触及每一处可感之物，双脚踏之于地面的实在与轻飘亦是我所津津乐道的，仿佛周围的每一丝空气都是那么的充满生机与内涵。我呼吸着，感受着，也寻觅着。我庆幸自己的存在，我知道我要找寻——我所热爱的。

大堂设计方案

大堂设计方案

大堂设计方案

大堂设计方案

1972年于湖南省包装装璜公司从事平面设计。

1978年就读于广州美术学院工艺系装璜专业。

1982年任职于湖南省对外贸易广告公司。

1984年于华南理工大学建筑设计研究院从事教学及设计工作。

1994年至今于广州美术学院装饰艺术系及广东省集美设计工程公司从事教学及设计工作，工程硕士。

郭伟生

设计的本质

语言是无法描述一座建筑的外形、气氛及使用状况，因为无论建筑的内部或外部，无论废弃的或有人居住的建筑，空间的体验要运用我们全部的感光器官，每次我试图用语言说明一项设计时，当从社会谈到技术谈到美学，从一个相关的方面谈到另一个方面，一个事实越来越清楚了，即设计就是融合和统一许多独立的学科领域的过程。

把设计的本质从构思它的过程中分离出来，是不可能的，如果完成的作品体现了各种不同的原则，那么可以肯定的是，设计构思一定结合了个人的才能与那些专门技能……。

中国市长大厦

中国市长大厦

广东东莞阳光山庄

广东东莞阳光山庄

湛江银海酒店

湛江银海酒店

湛江银海酒店

1 9 9 6 年中央工艺美术学院环境艺术设计系毕业并留校任教。

现为清华大学美术学院环境艺术设计系教师。

1 9 9 6 年作品获首届全国室内设计大展优秀奖。

1 9 9 8 年作品获第二届全国室内设计大展铜奖。

2 0 0 0 年作品获第三届全国室内设计大展银奖。

多篇论文发表于各类专业设计刊物。

崔 笑 声

设 计 师 的 忧 虑

前一段，在北京看了一个被宣传的沸沸扬扬的第三届室内设计大展。哦，这么多的设计师涌现出来。看上去一派蓬勃发展的景象，欣喜之后，静静地坐下来回味，脑子存留的更多是困惑，更准确地说是忧虑。大大小小的建筑不停地建，设计师们也不停地忙。然而，我不禁要问，我们在忙什么？

中国的经济发展之快，举世瞩目。项目机会之多令境外的同行们眼红。以至于，他们纷纷登陆中国“淘金”，先进的技术，先进的设计理念，为国人提供了良好的学习、交流机会。大伙儿惊叹于国外技术及设计的精湛，更有甚者把这些推崇为设计的至高标准。于是，举国上下，从投资者到设计师被外面世界的精彩震撼了。虔诚地抄袭着人家的表面形式，并且，自己给这种形式划分出一个模式。设计师的案头摆满了ＫＰＦ、ＳＯＭ、ＨＯＫ……从大展作品来看，不计其数的大堂都是点式玻璃幕墙，银灰的铝板，光亮的石材。这似乎成了现代化的物质代言人。其实这与前几年我们只知道石材、木材一样，只不过是材质变了。设计师还没能摆脱出材料束缚的怪圈。现在的市场还停留在以某些决策人的好恶来运转的阶段，设计师就像没有头的苍蝇一样，被利益驱使，跟着外行们的指挥棒转来转去。常此下去，对设计的冲动转化成了无奈和感叹。但光是埋怨曲高和寡是无益于市场的正规完善的。大力普及审美意识，提高全社会对于正确审美的导向性工作是当务之急。水涨船能高。这些，单凭一部分设计师的努力是不能完成的，只有整个设计师的群体力量才能把市场向高层次推进。

话说此，不免又产生一种新的忧虑，即，大家能不能真实地把所认识到的问题以正确的观念、行动取而代之。近期，全国各地大兴土木搞“城市设计”，但是当“城市设计”的话题还在专家们的笔端、口头讨论着，许多反规律的城市设计教训却一再出现。一个县城建了一个带有罗马柱廊、花岗岩铺地，花团锦簇的广场。殊不知，不远处还是鸡犬相闻、肥猪拱地的乡村景象，两种环境极不协调。我倒觉得这里种橘子更合适，把省下的钱去解决百姓的吃穿问题。出现这些问题，设计师是有责任的。大家都在喊——设计“以人为本”，然而，又有多少人在真正地做“以人为本”的设计。设计师切忌做一些有破坏性意义的作品，那样，你的责任感何在？千万不能上面是专家千方百计的呼吁如何如何，下面具体到项目还是反客观规律进行。我们没有时间、金钱从头再来，设计师应把精力投向更深层次的思考。结合我国当前的现状，冷静分析限定因素，把重点放在对文化层面、历史因素、人文背景、功能需求、空间安排层次等方面。应该以不同的作品展示在世人面前，以正确的作品作教材引导市场的发展，比在报刊上讨论、呼吁要直接地多。设计师们，应该清醒应做什么了。给自己冷水浇头，或是扎一针，激凌一下，再去做事情。

无论是基于室内或室外的环境艺术设计，仅从其通常的规模来讲，便很少有个人力量能够完成的。从人力、物力、资金的投入就决定了这常常不会是个人行为，而是群体劳动的结果。而一个作品的实现，设计往往贯穿始终。又因其一旦完成便难于修改，也决定了设计在其实现的各个环节中的重要作用。因此设计师的地位是不可低估的，而这还仅仅是对作品自身而言的。

我们社会需要优秀的设计师，这是无疑的。因为他们创造的作品除了环境自身之外，更重要的是对生活于其中的人的行为及其所处的环境无时无刻都会产生着深刻的影响。

处于某种环境中的人，其行为、心理必然受到该环境的影响与制约，同时也不自觉地受环境因素的引导。使处于其中的人趋同于某种共同的行为标准。阅览室中的安静与平和，酒吧中的放松与懈怠，办公室中的紧张与高效，都体现出环境对人的行为、心理的影响。而这种影响有时甚至会改变我们的生活方式和价值取向。用惯了卫生间的人恐怕多数难于消受北京胡同中没有隔断的臭气熏天的厕所，更甭提中国农村的茅房了。而终年生活于胡同与农村的人们却会悠悠然于其上，甚至会看着尿碱生发出许多艺术创作灵感。而同样是胡同或农村中生活的人们，在用惯了讲究的卫生间后，对其原来如厕的地方相信也会感到难于消受。人们的生活质量便像这样一步步地改变了、提高了。这正如我们常说的，从某种意义上讲环境创造了人。

而更让我们有感于环境的力量的是，这种环境对人的心理与行为的影响在某种情况下是潜移默化的、甚至是强制性的、不随人的意志为转移的。正像上面提到的人们在不自觉中就会习惯于一种良好的生活方式。处于优雅的酒店，行为举止就不能过于拖沓随便，处于教堂或神庙便会不自觉产生敬仰与虔诚，处于温馨的家中就会感到慵懒与安全，这种心理与行为的感受无一不是自然而发，全非生硬说教的结果。只有当我们处于其中的时候，我们的心理甚至行为才会不自觉地改变了。

这便是环境的力量。

而这些环境的创造者——设计师，所应表现的又该是什么样的呢？看来责任感是设计师所应具备的，起码是高于设计能力的基本素质之一。因为设计师的劳动正像教师的劳动一样，某种意义上讲是对人的培养，人的心理行为的培养与引导，而把人们的心理、行为或价值取向引向何方是我们应关心与研究的问题。

人·环境·设计师

于历战

1996年中央工艺美术学院环境艺术设计系毕业并留校任教。

现为清华大学美术学院环境艺术设计系教师。

1996年作品获首届全国室内设计大展优秀奖。

1998年作品获第二届全国室内设计大展铜奖。

多项设计作品发表于各类专业设计刊物。

中国粮食储备局接见厅

德宝饭店穆斯林餐厅设计方案

成都双流机场室内设计方案

成都双流机场室内设计方案

中国工商银行云南省分行大堂设计方案

金网一佰网络公司办公空间

金吉列集团办公空间

金吉列集团办公空间

北京艺清源环境艺术设计有限公司

北京艺清源环境艺术设计有限公司

北京艺清源环境艺术设计有限公司

１９９１年毕业于中央工艺美术学院环境艺术设计系。

现任深圳森喜设计有限公司总经理。

程 木 林

半山海景别墅贵宾接待中心

半山海景别墅贵宾接待中心

绿草地俱乐部西餐厅

新世界豪园

新世界豪园

新世界豪园

1983年毕业于广州美术学院附中。

1987年毕业于广州美术学院工业设计系。

1988年主管广州大学万宝工业设计研究院设计。

1994年创立“集美 B 组”，任集美 B 组主任设计师。

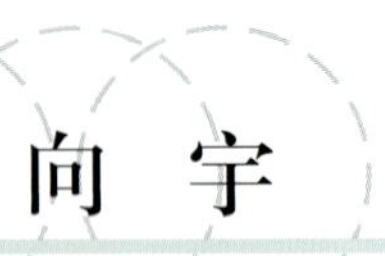

谢 向 宇

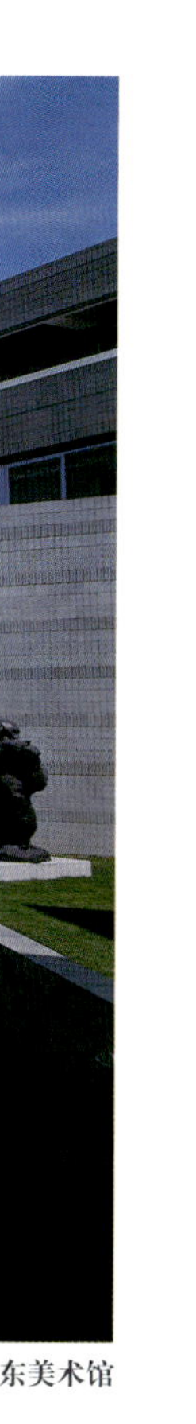

广东美术馆

广东美术馆

广东图书中心

广州艺术博物院

西安长安科技园中心区

1983年至1986年长春市二轻工业学校室内设计专业学习。

1986年至1989年石家庄市广告公司任职。

1989年至1993年就读于中央工艺美术学院环境艺术设计系。

1993年至1994年任职于中国华润总公司。

1994年至1997年香港优高雅有限公司设计总监。

1997年至1999年加拿大柏文发展有限公司。

迪尼设计顾问有限公司(加拿大)设计总监。

1999年至今北京致达装饰工程有限公司设计总监。

韩居峰

室内设计始自“空间”

现代室内设计的风格与以往任何时候相比，更趋向于不明朗化与不确定性。概括的说无确定风格即当代室内设计的风格。现代信息数字社会的多学科与文化的交杂与冲击，电脑科技虚拟空间对现实空间的影响，现代新兴社会群体对空间功能与形式的新要求，都影响着现代室内设计空间风格的演变。如今的设计师比以往更依赖于公共信息，电脑的辅助，科技手段及新材料新工艺的运用。因此，设计师的理念中对于“空间”的理解，需要不断的探索与更新。

现代信息社会瞬息万变，科技手段溶解在生活的每个细节中。高科技信息与艺术教育通过网络进入每个家庭中，使得人们对室内“空间”的要求更加多样与复杂。设计师的工作不得不受空间功能的限制，对于室内信息处理、温度控制、能源消耗、照明方式、内部与外部的联络与交往、协调生态环境以及工程的经济性，都是无法回避的。因此，室内设计师怎样才能把握自我，充分的运用现代各种造型手段，以及高科技与现代材料工艺创造出信息数字社会全新的室内空间体验来，需要大量的实践与探索，并把握室内设计的关键“空间”创造。这种“空间”创造，涵盖了当代的“科技信息智能空间”、“心理空间”、“物理功能空间”。运用新技术手段创造人性化的设计空间，来满足人们感受数字信息功能，追求轻松质朴的心理感受的要求。

室内设计不仅仅是在立面中加一些色彩或者装饰，而是一个整体的创造性的过程，不能单纯的添加，要有机的创造与控制。自然界中，只有在“光”的作用下，才能产生出各种有机物来。同样，室内空间的创造也需要“光线”的作用。人为的运用空间光线，照顾人的生理空间与心理空间，要有各种因素的整体协调，如色彩、材料、照明、功能、及结构等各种因素的整体作用。但是，在室内设计的基本因素“空间”的把握上，其初步阶段是至关重要的。单纯的考虑“空间”与“光”所构成的室内空间设计，我称之为“空间素描”。这好比优秀的摄影师要能在黑白摄影中自由驰骋，油画家要能对素描轻松驾驭一样，室内设计师的基本功则是“空间素描”。因此，在我的设计实践中，力求少受材料与色彩的影响，去追求“空间”变化的纯粹性，多考虑光线与体面的交织变化，各种材料质地、色彩、形态、设备等，都服从整体空间设计意念，创造出激动人心的有机室内空间。

人的行为总是具有空间性的，日常人们在各种空间下生存，并被动的感知体验空间。其实，现代人都存在着创造表现空间与艺术空间的潜意识，这就需要室内设计师去挖掘这种需要与冲动。打破传统空间表现手法的连续与形式的完整，可以大胆的追求不均衡的多相空间，以及各种矛盾空间的解构，各种骨架结构与体面的混合，甚至大胆的用装饰手法侵占空间等等。所有这些手法都是在创造着一种新的“空间体验”。

农业银行盈科支行营业厅

农业银行盈科支行办公门厅

东帮集团办公室

东帮集团办公室

东帮集团办公室入口

东帮集团办公室走廊

东帮集团办公室

清华大学美术学院环艺所主任设计师。

曾参与主持多项大型室内设计工程并多次获得各类奖项。

程　浩

在当今信息飞速发展的时代，选择显得十分重要，设计的风格正朝着规范化、多元化发展，新的技术与新的观念产生了时代的设计形式。地域文化与多元文化的交融使风格的多样化和个性化再次有了新的准则。人们对设计的要求不再是简单的符号，而是一种综合素质的体现。

美的空间带给人类的感受是不同寻常的。正是如此，便激发了人们对美的追求与向往。随着社会的发展，人们生活条件的改善和审美意识的提高，人们开始选择自身的生活方式和环境，将诸多因素加以修饰组合，并最大限度地在生活中体现美，成为当今设计的一个主题。人们开始用一种挑剔的眼光去审视作品，并在各自狭隘的思维空间中，试图展开所有一切的体验。设计师被迫将自己深思熟虑的公式隐藏，用简练的语言和近似流行的手法，职业化的启示和引导人们感悟美的真谛，并最终使人们的思想发生转变。

设计师用造型与造型之间的接触，一遍又一遍的重审着变化并寻求差异所带来的平衡，以求拥有整体的深化。

职业设计者不炫耀标新立异，不固守工艺概念，避免成为样式化的附庸，在有限的条件下做最切合实际的努力。

沈阳故宫博物院

沈阳故宫博物院

河南省博物馆

河南省博物馆

河南省博物馆

东环广场门厅

东环广场门厅

东环广场门厅

1986年毕业于广州美术学院，获文学学士学位，并受聘于广州美术学院设计系任助教，同时任广东省集美设计工程公司设计师。

1991年任广州美术学院设计系讲师。

1992年参与创办广州集美组室内设计工程有限公司并任副总设计师。

1999年获中国第九届全国美术作品展览设计金奖和铜奖。

曾藏君

宁波南苑饭店

宁波南苑饭店咖啡厅

浙江世贸中心大堂

１９６１年出生于福建省厦门市。

１９８１年毕业于福建省工艺美术学校。

１９８２年进修于香港理工学院。

１９８５年任新腾公司设计师。

１９８８年任宏利设计工程有限公司设计总监。

现为中国民间工艺美术学会会员，中国装饰协会会员。

熊　涛

作为从事室内设计２０年的设计师，我经常扪心自问：我的设计能满足客观的需求吗？能体现民族的特色和时代精神吗？问题只能从我的设计实践中寻找答案。

北京友谊宾馆目前是亚洲占地面积最大的花园式宾馆。１９９７年当我承接该宾馆贵宾楼的装修改造设计时，首先想到的就是如何创新。我把重点放在从选材走向创意，在商业功能上凸现浓厚的文化气息。根据具体需要，把民间陶瓷、刺绣、蜡染、刻字和现代的油画、软雕塑等艺术作品，引入星级宾馆，打破以往只有书画作品的单一格局，借以形成丰富多彩又具有文化特色的楼面文化、客房文化和卫生间文化。甚至连过去不被重视的走廊管道门，也加以美化，力求在设计手法上，将远古与现代、东方与西方、华丽与朴素、粗犷与细腻，和谐地融为一体，以提高整个宾馆的文化品位和艺术氛围，从而受到中外宾客的欢迎和好评。

这种室内设计超越现代程式的酒店布局，讲究以人为本，追求自然风格、文化品位等多元的内蕴组合。重视客人实在需求，创造舒适温馨和轻松随意的起居环境，也是我在其他酒店设计中所运用的。诸如南京中山大厦改造工程的全部设计，针对空间形态不规则的特定空间，把主体空间与边角象征性划分，使总体气氛在不失庄重的同时又引进了具有南京历史特色的吉祥物——麒麟雕塑以及其他艺术品，灵活运用了点、线、面、体等不同手法，以及灯光的巧妙运用，体现了高技派装饰节奏美感和大空间室内装饰的气势，取得了“和谐之美”的境界。

建筑界泰斗贝聿铭先生告诫我们：“学习的目的如果只是模仿，你将一无所获，没有进步，没有贡献。”同时又说：“要学会观赏，细览万物。”这对于我很有启示。在艺术设计上，我将虚心的学习别人先进的经验，但坚决不走别人的老路。

在室内设计的创作道路上，我将保持鲜明的个性，坚持不懈地努力，不断创新求变，以创造出具有强烈艺术感染力的多种风格的室内设计作品。

北京友谊宾馆总统间客厅局部

北京友谊宾馆总统套间主卧

北京友谊宾馆总统套间客厅

北京友谊宾馆贵宾楼商务层贵宾接待区

北京友谊宾馆贵宾楼商务层接待区